JN114739

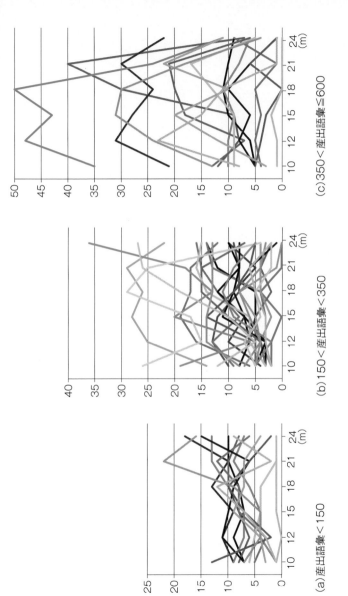

図 1-5　母親の育児語使用の子どもの月齢にともなう変化（本文 16 頁）

(a) 産出語彙 < 150

(b) 150 < 産出語彙 < 350

(c) 350 < 産出語彙 ≤ 600

# ことばの育ちの認知科学

日本認知科学会 ‖監修‖ 「認知科学のススメ」シリーズ

Invitation
to
Cognitive Science

4

針生悦子 著　内村直之 ファシリテータ

新曜社

# 「認知科学のススメ」シリーズの刊行にあたって


　人間や動物は，どのように外界の情報を処理し，適切に反応しているのでしょうか？　認知科学は，このような関心から，動物も含めた人間の知能や，人工知能システムなどの知的システムの性質や処理メカニズムを理解しようとする学問です。人間や動物のさまざまな現象にかかわるため，認知科学は，心理学，進化学，情報科学（とくに人工知能），ロボティクス，言語学，文化人類学，神経科学・脳科学，身体運動科学，哲学などの幅広い分野の研究者が集まって作られました。そのため認知科学は，これらの諸分野を横断する学際的な学問分野となっています。

　認知科学はこのように幅広い領域にわたるため，数学，物理，歴史などの伝統的な分野と比べて，体系化することは容易ではありません。そのためもあってか，私たち自身について知るための基本的な学問であるにもかかわらず，これまで中学校や高校の教育の中で教えられることはありませんでした。しかし学問の存在を知らなければ，その道へ進もうと志す人もなかなか現れません。このことは，社会にとって残念なことです。

　そこで，これから大学で本格的に学問に取り組む若い方々やこの分野に関心をもつ一般の社会人の方々に，この分野でどのようなことが研究されており，どのような面白い成果が得られているのかを知っていただくために，日本認知科学会は「認知科学のススメ」シリーズを刊行することにいたしました。

　国内のほとんどの学術書は，研究者自身がテーマに沿って研究を紹介するという執筆形式をとっています。一部の書籍，とくにアメリカの書籍では，研究者の代わりにサイエンスライターが執筆しているも

のもありますが，まだ数は少ないと言えます。本シリーズでは，研究者とサイエンスライターが協同して書くという，これまでにない執筆スタイルをとっていることが，大きな特徴の1つです。全10巻の刊行が予定されており，いずれの巻においても，サイエンスライターは高度な内容を誤りなく，かつわかりやすく読者に伝えるよう，ファシリテート（facilitate）する役目を担っています。そこで本シリーズでは，サイエンスライターを「ファシリテータ」と呼んでいます。全巻にわたるこの役を，書籍のみならず，新聞や雑誌等で科学に関する記事をこれまで多く執筆されてきた内村直之氏に，お引き受けいただきました。

　本シリーズは，別掲のシリーズ構成をご覧いただくとおわかりのように，内容のうえでも，新しい執筆スタイルに負けない斬新で興味深いタイトルを揃えていると自負しています。これらの本を手に取った高校生や大学生のみなさんの中から，認知科学という学問分野を目指す方が現れることを期待してやみません。それと同時に，これまで認知科学という学問分野に馴染みのなかった多くの社会人の方が，認知科学に興味をもってくださることを切に願っています。

　　　2015 年 9 月 10 日

**編集委員**

植田一博

今井むつみ

川合伸幸

嶋田総太郎

橋田浩一

# 全 10 巻シリーズ構成

# はじめに


　皆さんは「ことばの育ち」というこの本のタイトルをご覧になって，どのような内容だと予想されたでしょうか。「子どもはいつどのようにして単語を，そして文を話せるようになっていくのかがこの本には書かれているのだな」と考えられたでしょうか。確かにそれはそうなのですが，この本の内容は，必ずしも皆さんのイメージするとおりの"ことばの育ち"ではないかもしれません。

　生まれた時には言語を話すことなどできなかった子どもは，1年たてば単語を話すようになり，もう1年たてば単語をいくつかつなげた文も話すようになり，さらに数年もたつと一人前の口をきくようになります。この変化は確かにそれだけで驚異的なものです。しかし，本書では，そのようなことばの育ちを少し違った角度からとらえてみたいと考えています。

　子どもが生まれて最初にであう言語といえば，周囲の人の話し声です。しかし，この話し声，そこに含まれているのは"言語の音"だけではありません。人によって声質は違いますし，その時の気分によって話し方も変化します。同じ「りんご」と言う声も，話す人が違えばその話し声は物理的には違う音になります。また，怒っているときと嬉しいときでは，同じ単語でも実際に発音される音は少し違うものになります。

　このように考えてみてわかるのは，話された言語を理解するには，そのような声質の違いや話し方の変化などには惑わされることなく"言語の音"を聞き取り，いま話されたのはほかでもないこの単語だということがわからなければならないということです。今やスマホも

私たちの話す言葉をかなりうまく聞き取ってくれるようになりましたが、そこに至るまでの道のりが簡単なものでなかったのも、「物理的に必ずしもぴったり同じ音でないものを同じ単語の音として機械に聞き取らせるにはどうしたらよいか」という難題があったからです。

　しかし、私たち人間はこの難題を軽々と飛び越え、ふだんから、人による声の違いや、ちょっとした話し方の違いなどに惑わされることなく、話し声の中の“言語の音”をしっかりと聴き取り、うまくコミュニケーションできているように思います。そのような言語の使い手になるために、子どもはどのようにして、周囲の人の話す声を“言語”と“それ以外”に切り分け、“それ以外”に惑わされることなく“言語の音”を聞き取ることができるようになってきたのでしょうか。そして、その途中でどのような問題に直面し解決してきたのでしょうか。それが本書で考えてみたい問題です。つまり、本書のテーマは、「子どもは、言語学習の過程で、“話し声”の中の“言語の音”と“それ以外”をいかに区別し、また、“言語”と“言語以外”から得られる情報をうまく折り合わせて言語の有能な使い手になっていくのか、その周辺で起こっていること」ということになります。

　実際に子どもの発達過程に目を向けてみれば、子どもにとっても最初のころは、話し声の中の“言語の音”と“それ以外”を区別するのは容易でなかったことがわかります。1歳になる前の子どもは、話し手が変わったり（文献 [1]）、話す時の感情が変化したり（文献 [2]）、さらに、いつも聞いているのとは違うアクセント（方言など）で話されたり（文献 [3]）すると、同じ単語が同じだとわからなくなったりするのです。

　このように、話し声の中から“言語の音”を取り出すことが難しいのには、話し声の中のどの要素（音）が“言語”であり、どの要素が“言語以外”なのかが、あらかじめ決まっているわけではないから、ということもありそうです。あらかじめ決まっていないと言えるのは、話し声の中のどの要素を“言語の音”として使うかはすべての言語で同

じになっていないからです。

　たとえば，話す声が上がり調子なのか，いったん低くなってからまた高くなるのかといった声の高さの変化パターン（ピッチパターン）は，中国語やタイ語などのいわゆる声調言語では単語の区別に使われます。これらの言語では，発音記号で書き表されるような音（音素）が同じでもピッチパターンが違えば，別の単語です。それに対して，たとえば英語では，単語を言うときのピッチパターンが違ったからと言って，別の単語になってしまうということはありません。したがって，中国語やタイ語が話される環境に生まれた子どもは，ピッチパターンが違ったら別の単語になってしまう，つまり，ピッチパターンも"単語の音"であることを理解する必要があります。その一方で，英語環境に生まれた子どもは，ピッチパターンの変化は気にせず，むしろ，それに惑わされずに"単語の音"を聞き取ることができるようにならなければなりません。

　このように話す声のどこまでを"言語の音"と見なすかは言語によって違っている部分があるので，子どもは自分がであった言語ではどうなのかをそれぞれ学ばなければならないのです。このとき子どもは周囲の人の話す声に耳を澄ませ，その中のどの要素が"言語の音"で，どれは違うのかを見極めようと必死になっているはずです。

　その一方で大人のほうはと言えば，小さな子どもに話しかけるとき，つい芝居がかってしまうというか，抑揚を大げさにしたり，さまざまな声色を使ったりして，話し声を大きく揺らすことが多いようです。大きなクマのお父さんになりきって低くて強い声で話してみたり，小さなネズミの声を表現するために高い声を出してみたりといった具合です。まるで大人はそうすることが子どもの理解を助けると信じているかのようです。しかし，子どもの方は話し声の中の"言語の音"を見極めるために鋭意努力中なのです。そのような子どもにとって，このように話し声を大きく揺らす大人の働きかけは，どのような意味を持つのでしょうか。まさか，子どもの"言語の音"の聞き取りを邪魔

したりはしていないのでしょうか。

　さらに，現実のコミュニケーションは，話し声の中の"言語の音"さえしっかり聞き取れていればそれで済むというものでもありません。相手が話す声の中の"言語の音"だけでなく"それ以外"も考えに入れないことには，適切に対応しそこねる場合もあります。たとえば，保育園の4歳クラスを担当する先生からこんな話を聞いたことがあります。

　そのクラスの部屋は2階にあったので，窓枠によじ登るのは"やってはいけないこと"でした（もちろん窓の外に格子はついていましたが）。それにもかかわらず，ある男の子は何度もそこによじ登るので，先生は何度も注意しなければならず，そんなことにもうんざりしてきていたある日，また彼は窓枠によじ登ったのです。発見した先生は，もう嫌になってしまって，ほかの園児たちに向かって彼を指さして怒った声で言いました。「みんな見て！　○○ちゃん，またよじ登ってる！すごい！」ところがこの先生の言葉に，当の「彼」は，得意そうな顔をして胸をはったというのです。おそらく，文字通り「すごい」と言って褒められたと思ったのです。それを見た先生はまたまたガックリしてしまいました。先生としては，どうしてそんな言い方になってしまったのかを彼に考えてほしいところだったものですから。

　このような場面を見てもわかるように，話し声を"言語"と"それ以外"の部分に切り分けることに成功し，何を言っているかをしっかり聞き取れるようになったあとでも，実際のコミュニケーションの中では"それ以外"を切り捨てるわけにはいきません。相手は"言語"と"それ以外"を合わせてどのような意味を差し出しているのかを，私たちは考え続けなければならないのです。

　そのようなわけで，本書で扱いたいのは，言語やその発達と言われたときに，誰もがすんなりイメージするような「単語や文を話せるようになることの発達」ではありません。そうではなくて，"言語"はそもそも話し声の中にどのように埋め込まれており，子どもはそれを，

どのようにして聞き取れるようになっていくのか，また，このようにして聞き取った"言語の音"と，話し声の中に残された"それ以外の音"とをどのように折り合わせて相手の差し出す意味をうまく受け取れるようになっていくのか，という問題です。このように本書は"ことばの育ち"を，どちらかと言えば"言語以外の音"の側から見てみたいと思います。取り上げたトピックは，乳児向け発話，日本語の単語アクセント，オノマトペの音のイメージの作られ方，言葉にそぐわない口調の発話の4つです。"言語以外"はこれにとどまるものではありませんが，"言語（コミュニケーション）発達研究"の広がりを感じていただければ幸いです。

# 3章　"言語の音"のイメージ 37

# 4章　話し手の気持ちを読み取る 64

装幀＝荒川伸生

イラスト＝大橋慶子

# 乳児向け発話の効用

## 小さな子どもに対する特徴的な話し方

　小さな子ども，特に乳児[1]に話しかける時，声は高く，抑揚も大げさになってしまうというのは，多くの人が経験していることではないでしょうか。そればかりか，犬のことを「ワンワン」，おなかのことを「ポンポン」と呼ぶなど，ふだんの大人どうしの会話では使わない単語まで出たりします。このような，乳児に向きあった時の独特な話し方は，乳児向け発話（infant-directed speech; IDS），マザリーズ（motherese），赤ちゃんしゃべり（baby talk）などと呼ばれ，言語発達研究者の関心をひいてきました。実際，このような話し方は，狩猟採集社会を含む地球上の多くの文化で見られます（文献 [4][5]）。なぜ大人がこのような話しかけ方をするのかも不思議なら，子どもの言語発達への影響も気になるところです。

　それにしても，よく考えてみると，私たちがこのような話し方をしてしまうのは，相手が乳児の時だけではありません。学校にあがる前くらいの子どもに対しても高い声，大げさな抑揚で話しかけてしまっているように思います（幼稚園の先生の話し方を思い浮かべてみてください）。

　図 1-1 には，ゼロ歳児や，5 歳児，大人に話しかける時の声の高さ（図 1-1（a）：基本周波数）と，抑揚の大きさ（図 1-1（b）：声の高さの変化幅）

---

　[1]　ここでは 2 歳くらいまでの子どもをこのように呼ぶことにします。

を分析した結果が示されています（文献［6］）。5歳児に話しかける時も，乳児に話しかける時ほどでないにせよ，大人に向かって話す時に比べれば，高めの声，少し大げさな抑揚になっていることがわかります。さらに別の研究（文献［7］）では，ペットに話しかけるときの声についても分析しています。それによれば，ペットに話しかけるときの声も，乳児に話しかけるときと同じくらいの高さになっていたということです。

　このように，乳児だけでなく，幼児やペットに対して話しかけるときも声は高くなります。ということは，この"声が高くなる"ことには，相手を愛おしく思い「しっかり世話して守ってやらなくては」という話し手の気持ちが表れているということなのかもしれません。実際，ふたごの3か月児に話しかける母親の声を分析した研究（文献［8］）があるのですが，母親の話しかける声はふたごのそれぞれに対して少し違う高さになっており，母親がより高い声で話しかけていたのは，ふたごのうちでも発声の少ない子どもに対して，でした。このような知見も，気遣い保護してやらなければと感じられる相手に対して，私たちはこのような話し方をしてしまうことを裏付けているようです。

　このように，小さな子どもに向かった時の"あの話し方"は，話し手の相手に対する愛情のあらわれと言えそうですが，子どもの方はそ

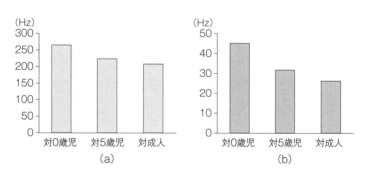

**図1-1　(a) 声の高さと (b) 抑揚の大きさ**（文献［6］にもとづき作成）

れをどのように受け取っているのでしょうか。

## 子どもも好きな乳児向け発話（IDS）

　子どもがこちらの働きかけをどのように受け止めているかですが，たとえば，話しかけた時に笑ってくれるなら「喜んでいるな」と思えるというのが日常的な感じ方でしょう。しかし，もう少し客観的な方法で乳児の好みを調べる時には，子どもがその刺激にどれだけ長く注意を向け続けるか，その時間の長さが指標とされてきました。特に，音に対する好みを調べる場合には，音源の方を見つめている時間が測定されてきました。ヒトには，音にじっと耳を傾けるとき音源の方を見つめ続けるという性質があるからです。

　こうして調べた研究によれば，生後1か月の子どもでも，成人向け発話より乳児向け発話をより長く聞く（文献［9］）ということです。つまり，子どもにとっても，乳児向け発話は成人向け発話よりも好ましく感じられるものなのです。そればかりか，子どもはそのような話し方をする人まで好きになるらしいことがその後の研究でわかってきました。

**乳児が好きな音を調べるには**

この"乳児向け発話の話し手に対する乳児の好み"は，次のような実験で明らかにされました（文献［10］）。対象は，生後5か月の子ども。実験は学習フェーズとテストフェーズの2段階でおこなわれました。まず学習フェーズにおいて子どもは，女性Aが乳児向け発話で話しているビデオを60秒ほど見せられます。そしてそのあとのテストフェーズにおいては，女性Aと新しい女性Bの写真が並べて呈示され，子どもがどちらの女性をどれだけ長く見つめるか（時間）が測定されました。すると子どもは，女性Aを新しい女性Bより長い間見つめたのです。まるで，乳児向け発話で話したその女性にもっと何かを期待するかのように。

　もっとも，この結果については，「子どもは乳児向け発話で話す人を好む」というのとは別の解釈も可能です。それは，「子どもはしばらく（学習フェーズの60秒の長きにわたって）見ていた人が好きになる」という可能性です。

　そこでこの研究では別の乳児たちに，まず学習フェーズで，女性Aが成人向け発話で話しているビデオを60秒間見せました。そしてそのあとテストフェーズで，その女性Aと新しい女性Bの写真を並べて呈示した時の乳児の注視行動を観察しました。するとこの場合には子どもたちは新しい女性Bの方を長く見たのです。「60秒間も見続けた女性Aにはもう飽きた」とでも言うかのように。つまり子どもは，その人が成人向け発話でしゃべっているのを60秒も見たあとでは，その人には飽き飽きするのに，乳児向け発話でしゃべっているのを同じ時間だけ見たあとではその話し手をもっと見ていたくなるということです。まさに，乳児向け発話には，子どもに話し手のことを気に入ってもらえる，そんな効用もあったのです。

## 乳児向け発話は"言語の音"を破壊しているのか

　このように子どもが好み，その話し手まで好きになる乳児向け発話

ですが，言語の学習に対してはどのような影響があるのでしょうか。子どもが喜んでますます話し手に注目するなら，結果として，子どもはその人が話す言語もよく聞き，言語の学習も進みそうです。しかし，ピッチを大きく上げ下げする話し方が"言語の音"を破壊しているとすれば，言語の学習にはネガティブな影響を及ぼしかねません。

　たとえば中国語は，声調言語と呼ばれ，同じ音の音節でも異なる声調（tone）で発音されれば別の単語（別の意味）になります。この声調がまさに声の高さ（ピッチ）の変化パターンなのです。図 1-2 には，それぞれの声調の，時間にともなうピッチ変化パターンが示されています。たとえば /ma/ という音が第一声（上がり下がりのない平板なピッチパターン）で発音されるなら"母"，第二声（上がり調子）で発音されれば"麻"，第三声（下がって最後に少しだけ上がる，U 字型のピッチパターン）なら"馬"，第四声（下がり調子）で発音されれば"叱る"という意味になります。このようにピッチパターンによって単語を区別する言語の場合，乳児に話しかけるにしても，むやみに"声の上げ下げ"の仕方を変えたりすれば"言語"の重要な情報は破壊され，結

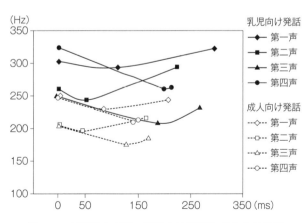

**図 1-2　中国語の声調：乳児向け発話と成人向け発話**
（文献 ［11］ より一部改変）

果的に子どもの言語学習を妨げることにもなりかねません。中国語を話す大人たちは，小さな子どもに向かって話しかけるときどのようにしているのでしょうか。

　調べてみると，子どもに話しかける時には確かに中国語話者でも，声は全体に高くなり，ピッチの変化幅も大きくなっていました。そして，図 1-2 に示されたとおり，それぞれの単語の声調（ピッチパターン）は破壊されることなく保たれていたのです（文献 [11]）。つまり，子ども向けに話す時には，全体に高い声ながらいつものピッチパターンは保たれたまま，それが時間的には長く引きのばされて，ピッチ変化の幅も大きくした発音になっていたのです。

# Column　母音の三角形

　乳児向け発話では，その言語において区別しなければならない音どうしが，ハッキリクッキリ区別されて発音されているのではないか，ということも指摘されています。

　たとえば，/a/, /i/, /u/ のような母音の音の違いは，図 1-3 のように描くことができます。そもそも母音の音というのは，いくつかの周波数帯の音が重なりあって，あのような響きになっています。それらの周波数帯は，低い方から第 1 フォルマント，第 2 フォルマント，第 3 フォルマント……と呼ばれるのですが，第 1 フォルマントは何ヘルツの周波数帯で，第 2 フォルマントは何ヘルツの周波数帯で，といった組み合わせで，それぞれの母音は特徴づけることができ，その第 1 フォルマントの周波数を X 軸に，第 2 フォルマントを Y 軸にとれば，/a/, /i/, /u/ という三つの母音は図 1-3 のように示せます。その頂点をつないだ三角形の面積が大きくなれば大きくなるほど，三つの母音はより明瞭に区別して発音されているということです。図では，成人向け発話のときより乳児向け発話の方が三角形は広くなっています（文献 [12]）ので，乳児向け発話では

三つの母音はよりハッキリクッキリ区別して発音されていることがわかります。

　さらに，この"母音の三角形"の面積には個人差があり，面積が大きい，つまり /a/, /i/, /u/ を非常に明瞭に区別して発音している人もいれば，面積が小さい人もいます。母音を明瞭に区別して発音する人は，ほかの音も区別を明瞭にして発音しているでしょうから，そういう話し声を聞いて育つ子どもは，言語の音の区別がより早い時期からできるようになるかもしれません。そのように考えて調べてみると，母親の母音の三角形の面積が大きければ大きいほど，子どもの言語音の聞き分けの精度は早い時期から高いという結果も得られました（文献［13］）。

　ちなみに，ペットに向かって話しかける時も声は高くなるということでしたが，このとき母音の三角形の面積は必ずしも広くなっていません（文献［7］）（図1-3）。子どもとペット，かわいく思う相手に話しかけるときには同じような話し方になっているように見えて，実は相手がゆくゆく話してくれるようになるのかどうかの可能性も見据えつつ，私たちは自分のしゃべり方をかなり精密にコントロールしているということなのかもしれません。

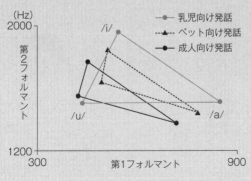

**図 1-3　母音の三角形**（文献［7］より一部改変）

## 子どもの言語学習への影響

　このようなところから，乳児向け発話のあのしゃべり方は，話し方をただむやみに大げさにしたり，揺らしたりするのではなく，"言語の音"の重要な部分を強調するようなものになっていると考えられます。となれば，あのしゃべり方は，子どもの言語学習に悪い影響を及ぼすどころか，ポジティブな影響を及ぼしていそうです。それで実際にはどうなのでしょうか。乳児向け発話で多く話しかけられて育った子どもほど，言語発達が早いといったことはあるのでしょうか。

　この問題に取り組んだアメリカの発達心理学者のグループ（文献[14]）は，子どもが生後11〜14か月の時期に生活の中で耳にしていた乳児向け発話の量と，成長して24か月になったときに話せるようになっていた単語の数（産出語彙）との関連を検討しました。もう少し具体的に説明すると，この研究ではまず，11〜14か月の子どもた

**集団場面か1対1か**

ちが生活の中でどれだけどのような発話を耳にしているかを調べるため，数日間，洋服のポケットに小さな録音機を入れて生活してもらいました。こうして録音された話し声の中には乳児向け発話もあれば成人向け発話もあり，またそれらは子どもと大人の 1 対 1 の場面で話されていることもあれば，周りに何人も人がいてガヤガヤしている集団場面で話されていることもありました。そこで，子どもが耳にした話し声を，発話の種類（成人向け発話か，乳児向け発話か）と場面（1 対 1 の場面か，集団の場面か）で 2 × 2 の 4 タイプに分け，それぞれを子どもがどれだけ聞いていたか（時間）を測定しました。それらの時間と，その子どもが 24 か月になった時に話せるようになっていた単語の数（産出語彙）との関連を調べたのです。

　すると，24 か月時点での産出語彙と関係があったのは，1 歳前後の時期に "1 対 1 の場面で乳児向け発話" を聞いていた時間の長さでした。つまり，1 歳前後の時期に 1 対 1 の場面で乳児向け発話を多く聞いていた子どもほど，2 歳になったとき，たくさんの単語を話すようになっていたのです。その一方で，集団場面で聞いた発話（乳児向け発話か成人向け発話によらず）や，1 対 1 の場面でも成人向け発話を聞いた時間の長さは，24 か月時の産出語彙とのあいだにはっきりした関係は見られなかったのです。

## どこがどのようにいいのか

　こうしてみると，乳児向け発話で話しかけることは，子どもの言語学習にポジティブな影響を及ぼしていると言えそうです。ですが，それは具体的に，乳児向け発話のどのようなところがどのようにしてポジティブな影響を産み出しているのでしょうか。ここまで見てきたことも踏まえてまとめておきましょう。

　まず，乳児向け発話は，声が高く抑揚が大げさであるといった特徴を持ち，その（音楽的な？）特徴がどうやら子どもを惹きつけるよう

です。先ほども見たように，乳児は，成人向け発話より乳児向け発話を聞きたがります。また話し手という点でも，乳児は，成人向け発話をしゃべっている人にはすぐ飽きるのに，乳児向け発話で話す人にはますます関心を持つようです。このように，乳児向け発話は乳児にとって魅力的な音であるため子どもを惹きつけ，結果として言語を学ぶために必要な情報へと注意を向けさせるものとなっていると言えるでしょう。

　第二に，乳児向け発話は成人向け発話に比べて抑揚も発音も大げさですが，これは，子どもがこれから学ぼうとしている言語の重要な特徴を強調するようなものになっています。p.5でも述べたように，中国語で音節ごとのピッチパターンは，その音がどういう意味の単語かを見極めるために非常に重要ですが，乳児向け発話ではこのピッチパターンがことさら大げさに発音されます。また，その言語で区別する音をきちんと聞き分けられるということも，言語の学習にとっては重要ですが，そのような音の違いも，乳児向け発話では強調されるようです（Column 母音の三角形 p.6）。つまり，乳児向け発話では，ただむやみに話し方が歪められているわけではなく，その言語の特徴的な部分が正しい形で強調され，子どもがそのような特徴を学習するのを助けるものとなっていると考えられるのです。

　これらにくわえて第三に，乳児向け発話では同じ単語を言うにしてもその発音のしかたが毎回大きく揺れてしまっているということが実は良いのではないかということも指摘されています。そもそも乳児向け発話は，小さな子どもを前にしての少々力んだ話し方です。話し手にとっては，ふだんとは違う，慣れない話し方と言えます。そうすると，同じ単語でもその発音は毎回ピッタリ同じ音，節回しというわけにはいきません。また，そうでなくても，話し手は乳児を飽きさせず楽しませるために必死です。子どもの反応を見ながら，声色や話し方をいろいろと変化させることになるでしょう。そして，単語を覚え始めたばかりの子どもにとって，そのようにさまざまに変化する声で言

われる単語は，そうでない単語より覚えやすいようだということもわかってきました（文献 [15]）。さまざまに変化するので飽きずに聞き続けられるということもあるでしょうが，さまざまに変化させるけれど逆に絶対にここは同じでなければならないという "言語の音" の核も明らかになるからかもしれません。

　こうしてみると，乳児向け発話は，①ピッチが大きく変化するその音としての特徴が子どもを惹きつけ，②そうした中でその言語ならではの特徴もことさら強調され，③話し方が毎回大きくブレているようでいて，"言語の音" を聞き取るために，変化させてよい部分と絶対に変化させてはならない核の部分がどこなのかを子どもに伝えるものになっている，と考えられるのです。このようなところから，乳児向け発話で多く話しかけられた子どもほど言語発達が早いという先ほどの結果も導かれるのかもしれません。

## 育児語はどこから来たのか

　ここまで，小さな子どもに話しかける時についやってしまう，あの独特の話し方について考えてきました。特に，抑揚が大げさになってしまったり，声が高くなってしまったりなど，大人どうしのふだんの会話とは音響的な特徴が異なるという点から，その効果などを検討した研究について見てきました。

　しかし，乳児向け発話の特徴として指摘されてきたことは，その独特な音響的特徴だけではありません。小さな子どもに向かって話す時にしか使わない特別な語彙を使ってしまうといったこともあります。たとえば，犬のことなら「イヌ」とは言わずに「ワンワン」と呼んだり，車のことは「ブーブー」と言ったりするように，です。ここでは，このように周囲の人が子どもに向かって話す時にだけ使う特別な語彙を "育児語"（文献 [16]）と呼び，その言語の標準的なコミュニケーションで使われる語彙（成人語）とは区別して扱っていきたいと思います。

その育児語ですが，擬音語や擬態語，成人語（の一部）を繰り返す音のかたちをしたものが多いようです。日本語でも目立つのは「ブーブー（車）」「クック（靴）」などの音を繰り返す形式です。同じ音の繰り返しでなくても，「アンヨ（足，歩く）」や「エンコ（座る）」など，最初の音を延ばしたり（長音），つまらせたり（促音），はねさせたり（撥音）して，最初の音を強調するようなかたちになっている2音節の単語が多く見られます（文献［17］）。なぜ大人は子どもに対してそういう音のかたちの単語を使うのかについては，次のような理由が考えられてきました。

①子どもが出す声を模倣するから（模倣説）
②文化の中で歴史的に伝えられてきたから（継承説）
③子どもに向かって話すにはこういうかたちの単語がふさわしいという共通の直観を私たちは持つから（それにもとづいて作って話しているから）（直観説）

　まず①の模倣説。子どもの出す音をマネして返すというのは，乳児を相手にしたコミュニケーションの基本です。そして，1歳ごろの子どもが出す音声と言えば，「マンマン」「ブーブー」「パッパ」など音を繰り返したかたちが多いのです。子どもの出した音を大人がそのままマネて，そのような音のかたちをした単語を話すようになる，というのはありそうな話です。実際，1歳前後の子どもを持つ人からは，「自分ではそのモノのことをそのようなラベル（育児語）で呼ぶことはしなかったのだけれど，子ども自身がそう言うので，こちらも使うようになってしまった」という話はよく耳にします。
　ただし，どの音を好んで発するかは，すべての子どもで同じというわけではありません。目の前の子どもの発声をマネたのが育児語であるなら，使われる育児語は家庭ごと，子どもごとに違ったものになってもよいはずです。しかし，犬のことを“ワンワン”，猫のことを“ニャ

ンニャン"，足のことを"アンヨ"など，多くの家庭で共通して使われている育児語があります。ということは，育児語の中には文化の中で歴史的に引き継がれてきたものも少なくないということです。これが②の継承説です。

たとえば，古代ローマでは，食べ物を指すのに 'pappa' という育児語が使われたそうです．その痕跡は，現代スペイン語の育児語で，食べ物のことを 'papa' と言うところなどにも引き継がれています（文献［4］）。一方，日本語の育児語で食べ物のことを言うなら「パッパ」より「マンマ」でしょう。このように，何を示すのにどのような音の単語が使われるかは文化によって違うということも，育児語は文化の中で継承されるという説を裏付けていると言えます。

そしてさらに，育児語はその時代その時代で新しく産み出されてもいます。たとえば，祖父母が孫に対して自分たちのことを「ジイジ」「バアバ」と名乗ったり，上のきょうだいのことを小さな子どもの目線から「ネエネ」「ニイニ」と呼んだり，といったことは，昭和生まれの筆者が子どもの頃にはなかったことであるように思います。それでも，これらの単語を初めて聞いたとき，いかにも小さな子どもに向かって使うのに良さそうな単語だと思ったのも事実です。とすれば，私たちは，どのような音のかたちをしていれば"よい"育児語なのかに関する直観（文献［18］）を持っているということではないでしょうか。それがあるからこそ私たちは，子どもに語りかけたいと思ったモノの"公式な"育児語を知らなくても，新しい育児語をどんどん作っていくこともできるわけです。これが，③の直観説です。

もちろんこの直観も，"犬は「ワンワン」，足は「アンヨ」といった既存の育児語をどこかで聞いたことがあるため，それと似た感じがする音や繰り返し形式の単語は育児語らしく感じられるようになっている"ということなのだとすれば，話はぐるっと回って，再び継承説が顔を出すことになるわけですが。このようなわけで，どうして私たちがあのような育児語を使うのかといえば，おそらく①〜③のすべてが

少しずつ関わっているのだと考えられます。

## いつ始めるのか，いつやめるのか

　声が高くなったり，抑揚が大げさになったり，といった乳児向け発話の音楽的な特徴は，子どもが成長するにつれて薄れていくことは，p.2 でも述べたとおりですが，同じことは育児語についても言えます。

　図 1-4 は，子どもの月齢ごとに，母親が使う育児語の数を調べた結果を示しています（文献 [19]）。調査対象になったのは，調査の開始時点で子どもが生後 10 か月であった日本の母親たち 52 名です。そのあと子どもが 24 か月になるまでのあいだ，ほぼ 3 か月おきに，母親たちは同じ質問紙に回答しました。質問紙には，子どもが早い時期に話すようになる約 200 の名詞がリストアップされており，母親たちはその一つ一つについて，子どもに話すときにはどのような単語を使っているかを回答しました。図に示されているのは，子どもに向かって話すときに使う単語として育児語が回答された数（各月齢における平均値）です[2]。図 1-4 を見てわかるように，育児語の使用は，子どもが 10 か月だったときから 18 か月になるまでのあいだは増えていき，

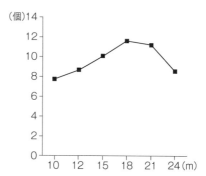

**図 1-4　育児語で話しかける単語の数：子どもの発達にともなう変化**
（文献 [19]）

そのあとは減少に転じています。

　育児語が増えていく前半と減っていく後半，この二つの時期は，子どもの言語発達で言えばどのような時期でしょうか。まず前半は，多くの子どもが最初の単語を話し始める時期です。いつも車を見ると「ブー」と言うなど，「この子はこの音でこれのことを言おうとしているのだな」ということが周囲の人にも伝わってくる，そのような単語を子どもが話し始めるのが，1歳前後です。そして，一度に話す単語は一つだけ（一語発話）ながら，話すことのできる単語が少しずつ，月に3から5語といったゆっくりペースで増えていくというのが，1歳半ばくらいまでの，この前半の時期です。

　一方，図1-4で育児語の使用が減っていく後半の時期，子どもは単語を二つくらいつなげた文を話すようになります（二語発話）。たった一語だけ，たとえば「バス」のように言われた時には，「バスがきた」ということなのか，「バスを見に行きたい」ということなのか，「昨日ここにバスがあった」ということなのか，聞き手は文脈などの手がかりをかき集めて想像するしかありません。それが，単語二つだけでもつながって「バス　キタ」「バス　ミル」「バス　イタ」となれば，子どもの言いたいことはかなりはっきりしてきます。このように，単語をつなげて話せるようになることは，言語発達の中でも大きな進歩です。聞き手にしてみれば，なんだか対等に話せるようになったと感じられる，そんな成長でもあるかもしれません。育児語が減っていく時期とは，まさに，このように子どもが単語をつなげて話し始める時期なのです。

　このように，母親の育児語使用の増減は，子どもの言語発達の状況

---

　　［2］　伝統的な育児語，擬音語や擬態語，成人語の一部を繰り返した形式の単語など，大人どうしの会話では使わないものを育児語として数えました。「ニンジンさん」「くまちゃん」のように成人語に「さん」や「ちゃん」をつけるものは育児語としてカウントしませんでした。また，“パパ（父親）”，“バアバ（祖母）”などの親族名称も除きました。

と足並みをそろえたものとなっているように見えます。子どもが話し始めると、そんな子どもに刺激されつつ、しかしその"まだまだ"のレベルに合わせて、大人はせっせと育児語を使い始めます。そして、子どもが単語をつなげて話すようになり、なんだか対等に話せるようになってきたと感じられてくると、もっとたくさん話したくなり、育児語なんてまどろっこしい単語は使わなくなっていく、そんな親の姿が目に浮かぶようです。

## 親の育児語使用と子どもの言語発達

　このように親の育児語使用は、子どもの言語発達に刺激されたもののように見えます。では翻って、親の育児語使用は子どもの言語発達に何か影響を及ぼしているのでしょうか。

　前節で紹介した筆者の調査（文献 [19]）では、子どもが生後10か月の時から24か月になるまでのあいだ母親の育児語使用を追跡しただけでなく、24か月になった子どもがどれだけの単語を話すようになっていたのか（産出語彙）も調べていました。子どもの産出語彙を調べるために使ったのが、日本語マッカーサー乳幼児言語発達質問紙（文献 [20]）です。この質問紙では、子どもの身近な人——たいていは親ですが——が、単語のリストを見てその子どもが話す単語をチェックしていくようになっています。この質問紙で測定すると、24か月児の産出語彙は平均すると 200 を少し越えるくらいです。ただし、個人差は小さくありません。今回の調査の対象になった子どもたちでも、24か月時の産出語彙が 50 未満の子どももいれば、600 近くになっている子どももいるという具合で、大きな個人差が見られました。

　そこで、対象になった子どもたちを、産出語彙によって、(a) 150 より少ない、(b) 150 から 350 のあいだ、(c) 350 より多い、という 3 つのグループに分け、グループごとに母親の育児語使用の変化をグラフにしてみました（図1-5　口絵）。

　グラフを見ての第一印象は，あまりにグシャグシャとしていて，「ここから何を読み取ったらよいかわからない」といったところでしょうか。図 1-4 を見た時には，育児語の使用は 1 歳半にかけて増え，そのあとは減るという，シンプルなパターンになっていました。しかし，それはあくまで"平均値"です。すべての母親が同じペース，割合で育児語の使用量を増減させていたわけではなく，個人個人で見てみると，図 1-5 のような多様性があったのです。

　つまり，子どもが 10 か月から 24 か月になるまでの期間を通じて一貫して育児語はほとんど使わなかった人もいれば，育児語の使用量をこの期間，大きく増減させた人もおり，一応，増減はしているように見えるけれども，増減の幅はそれほど大きくないという人もいたのです。

　それでも図 1-5 の 3 つのグラフを見比べてわかるのは，語彙が大きい子どものグループほど，グラフは縦長になっていることです。つまり，子どもの発達上どこかの時点で育児語を著しく多用した母親の子どもたちは，24 か月になったとき，たいていかなりの数の単語を話すようになっていました。他方，語彙の小さなグループ (a) には，子どもの発達上のどの時期であれ，育児語をたくさん使ったことのある母親はほとんどいません。これを見ると，育児語を使うことは，子どもの語彙を育てることに対してどちらかと言えばプラスの効果がありそうです。

　ただ，気をつけなければならないのは，最も語彙が大きかったグループ (c) にも，調査された期間を通じて一貫して育児語をほとんど使わなかった母親がいることです。つまり，育児語を使わなくても，子どもの語彙は早く大きく育つ場合があるのです。そのようなわけで，この全体の結果から言えるのは，ある時期育児語を著しく多用した母親の子どもでは，たいてい言語発達も進んでいるけれど，母親が育児語を使わなかったからといって子どもの語彙の発達がゆっくりになるとは限らない，ということです。

# 子育ての知恵

このように，母親が育児語を使用することが子どもの言語発達にどのような影響を及ぼすかについてのデータは，効果がないことはなさそうなことをほのめかしつつ，直接的かつ強力な効果を明確に裏付けるようなものでもありませんでした。したがって，ここから"子育ての知恵"的なものを引き出すとすれば，「育児語を使いたくない，使えない，というのであれば，無理して使う必要はありません。ただ，もし子どもの話せる語彙がなかなか増えていかないなあと思ったら，育児語で話しかけてみるのもよいかもしれませんよ」という程度のものになるでしょうか。

育児語には「ワンワン」「クック」など音を繰り返す形式が多く見られます。ことばを話し始めたばかりの子どもが話す単語の多くはこのような形式であることを考えると，これは子どもにとって言いやすい形式と言えます。また，繰り返し形式の単語はそうでない単語よりも覚えやすい——音として，というだけでなく，それを何かの対象と結びつけて覚えるという点でも——ことも，短期集中トレーニング実験（Column 単語の学習しやすさを調べる）などで確かめられています（文献 [21]）。

つまり，育児語の多くは，ことばを話し始めたばかりの子どもにとって言いやすく，覚えやすい音のかたちをしているのです。それで子どもが育児語をいくつか覚えて話すようになれば，周囲の人との"話"もはずむでしょうし，そうなれば，子どもが自分で単語を言ったり聞いたりする機会も増え，結果として，子どもの発音はより明瞭なものになり，話すことのできる単語も増えていくかもしれません。このように考えると，育児語は，それ自体を学ぶことにあまり意味はなさそうでも——大人どうしの会話では使いませんから——，育児語以外の単語を学ぶための土台を提供するものにはなりそうです。

　なお，先ほどのデータの「母親が子どもの発達にともない育児語の使用を大きく変化させていた場合，子どもの言語発達が非常にゆっくりになることはなかった」という部分ですが，ここで"育児語"を離れてそのような母親の姿勢を考えてみると，子どもの言語発達に影響を及ぼしている別の要因が見えてきそうです。なぜ母親は子どもの月齢によって育児語を著しくたくさん使うようになったり，どんどん使わなくなっていったりしたのでしょうか。それはおそらく，そのときそのときの子どもの様子をよく見て働きかけ方を変化させていたからではないでしょうか。子どもが片言の単語らしきものを言うようになれば，それに合わせて似たような音形式の言い方で返し，子どもが単語をつなげて話せるようになれば，こちらも文で話しかけるというようにして。子どもの言語学習を助けるのが，子どもの様子や能力に敏感に反応してかかわり方を工夫する親の姿勢なのだとすれば，育児語の増減は，その一つのあらわれにすぎないのかもしれません。

## Column　単語の学習しやすさを調べる ——短期集中トレーニング実験

　単語の学習と言えば，単語（の音）とその指示対象を結びつけるということをまずイメージする人は少なくないのではないでしょうか。その対象を見せながら単語を言うということを繰り返せば，当然，単語はその対象を指すものとして覚えられるのではないか，と。

　このイメージは，1歳前後の子どもの単語学習を調べる方法にもそのまま使われています。それはまさに短期集中トレーニング実験とでも呼べそうなものですが，具体的に説明すると，次のようなものです。

　全体の手続きは，学習フェーズとテストフェーズという二つのフェーズからなります。

まず学習フェーズでは，子どもが名前を知らないようなモノＡを見せながらラベルＡを聞かせ，また別の試行では，やはり子どもが名前を知らないモノＢを見せながらラベルＢを聞かせます。もう少し具体的にイメージしていただくには，スカンクの写真を見せながら「フーフー」という単語を聞かせ，また，ビーバーの写真を見せながら「ボーリー」と聞かせるといったことを想像していただければよいでしょうか。このようなモノ（指示対象）と単語との組み合わせはそれぞれ，たとえば３回ずつ繰り返します。つまり，覚えられるかどうかぎりぎりの回数ということです。

　そのあとのテストフェーズでは，二つのモノ（上の例では，スカンクとビーバー）の写真を同時に並べて呈示し，「フーフーはどこ？」とか「ボーリーはどこ？」と聞いたときに，子どもがどちらのモノをどれだけの時間見つめるかを測定します。もし子どもが学習フェーズにおいてモノとラベルとの結びつきを学習できていれば，言われた単語にマッチした写真の方を長く見るはずです。

　これだけのことなのですが，このような方法で，１歳半の子どもは，モノの写真を見せながら聞かせる単語が，「フーフー」のような音節を繰り返す形式であれば覚えられる（つまり，テストで正しく“フーフー”を見ることができる）にもかかわらず，「ボーリー」のような（音節の繰り返し形式になっていない）単語では覚えられない，ということを確かめたのが，文献［21］の研究です。

　もちろん子どもは日常生活の中では，同じ単語が同じモノに対して使われるのをさまざまな場面で繰り返し目撃することでしょう。それに比べると，この実験方法では，“目撃”の回数も多いとは言えません。まさに短期集中トレーニングという感じになってしまっています。ただ，そのような状況であっても，あるタイプの単語は学習し，別のタイプの単語は学習しないといったことが見られれば，子どもにとってどのような単語であれば学習しやすく，どのような単語であれば学習しづらいのか，といったことも調べられるのです。

# まとめ

　言語を聞いて理解できるようになるためには，話し声の中の"言語の音"を"それ以外"に惑わされることなく聞き取れるようにならなければならないはずです。とすれば，小さな子どもに向かって話すときの人々の"あのしゃべり方"は，子どもの言語学習を邪魔していたりしていないのだろうか。このようなことも念頭に置いて，本章では乳児向け発話について考えてきました。調べてみると，乳児向け発話は，"言語の音"の特徴を強調するようなものになっています。それだけでなく，話す声が毎回大きく揺らされることで，逆に保たれなければならない"言語の音"の核が話し声の中のどこなのかを子どもに伝えるものになっている可能性も見えてきました。

　また，あのようなしゃべり方には，小さな子どもを喜ばせ，コミュニケーションに積極的に参加するよう仕向けるという，動機づけにかかわる働きもあるようです。育児語に限ってみれば，音をくりかえす形式は1歳前後の時期の子どもにとっても覚えやすく，発音しやすいものです。なんでも自分でやってみようとし始める時期の子どもにとって，ちょっと頑張ればできる，ちょうどよいレベルの学習目標にもなるのかもしれません。

　この乳児向け発話は，最終的な学習目標である"標準的な大人の言語"に照らすと，音もブレブレなら，大人になれば使わない単語が使われ，少しヘンだったり，無駄に見えるようなところもあるのは確かです。しかし，だからこそ"より楽しくより無理なく学習できる"のだとすれば，それは，私たちがつい考えてしまいがちな"無駄なく効率よい学習"という考え方に少々反省を迫るものでもあるのかもしれません。

# ピッチの上げ下げ
## ——言語なのか，言語でないのか

**2章**

## 言語による違い

　乳児向け発話の大きな特徴の一つは，抑揚が大げさになること，つまり，話している最中に声の高さ（ピッチ）が大きく変化することでした。この"話している間の声の高さの変化"パターン（ピッチパターン）については，これを"言語の音"と見なす言語もあれば，見なさない言語もあるということは，前章（p.5）でも触れた通りです。たとえば中国語では，同じ音の単語でもピッチパターンが違えば別の単語となります。つまり，中国語においてピッチパターンは"言語の音"なのです。

　日本語でも，ピッチパターンの違いによって単語を区別することがあります。たとえば東京方言では，／ハシ／と語頭の／ハ／がほかより高いピッチで，つまり，アクセントをつけて発音されれば"箸"のことになります。一方，／ハシ／と／シ／にアクセントをつけて発音されれば"橋"です。このような例を考えると，日本語でもピッチパターンは"言語の音"と言えそうです。

　一方，英語はピッチパターンの違いによって単語を区別したりはしません。確かに英語でも単語のどの音節を強調するかによって単語を区別することはあります。たとえばrecordという単語で第1音節に

---

　[1]　これは東京式アクセントの場合。京阪式アクセントでは，／ハシ／は"橋"，／ハシ／は"箸"と，アクセントの位置が東京式とは逆になります。

ストレス（強勢）がおかれれば名詞（RE-cord，記録），第2音節にストレスがおかれれば動詞（re-CORD，記録する）です。しかし，英語のストレスは，その音節を高いピッチで発音することではありません。ストレスのおかれた音節の母音を強く，長く，明瞭に発音することなのです。たとえば，RE-cord と re-CORD で第1音節の母音を比べてみてください。前者は日本語でも／エ／と聞くことのできるような明瞭な音ですが，後者は／エ／と／イ／の中間のような曖昧で弱い音ですよね。

　このようにピッチパターンが"言語の音"に含まれるかどうかは，言語によって異なります。その意味でピッチパターンは，話し声に含まれるさまざまな情報の中でも，"言語の音"になるかどうかの当落線上にある，境界的な情報と言えるかもしれません。発音記号で書き表される母音や子音などの音素が（そのどれを使うかは言語によって違っているにしても）どの言語においても単語を区別する上で重要な役割をはたす"言語の音"であるのとは対照的です。

　となると，言語を学んでいこうとする子どもにしてみれば，ピッチパターンが自分の学ぼうとしている言語において"言語の音"なのかどうかは，自分で見極めなければならないということです。子どもたちはいつ，何を手がかりとして，自分の言語におけるピッチパターンの位置どりを理解するようになっていくのでしょうか。まずは，単語が何かを見極めるためにピッチパターンが重要な手がかりとなっている中国語の環境で育つ子どもたちの場合から見ていくことにしましょう。

## 中国語環境で育つ子どもの場合

　ピッチパターンが違えば別の単語になることを知っているということは，たとえば，上がり調子のピッチパターン（第二声）の／レン（leng）／という単語がモノ A を指すことを知っていたとき，下がり

調子（第四声）の／レン／という単語を聞いてもそれがモノ A を指すとは考えないということです。それで，子どもがすでにこのような知識を持っているかどうかを調べる時にもこのような枠組みが使われてきました。

　具体的には次のようにします。まず学習フェーズにおいて，おもちゃ A を見せた時には同時に第二声の／レン／という単語を聞かせ，おもちゃ B を見せた時には同じく第二声の／ベン（beng）／という単語を聞かせ，ということを何度も繰り返します。そうして子どもがそれぞれの単語とモノとの結びつきを学習できたろうというあたりで，テストフェーズに入ります。テストフェーズでは，おもちゃ A とおもちゃ B を並べて見せた状態で，次の①あるいは②のように呼びかけ，このように言われたとき子どもはどちらのおもちゃをどれだけの時間見つめるかを測定します。

　①「／ベン／ はどこ？」（教えられたままのピッチパターン）
　②「／レン／はどこ？」（教えられたのとは異なるピッチパターン）

　このようにして調べた研究（文献［22］）で，中国語環境で育つ 18 か月児は，①の時には，学習フェーズにおいて教えられたとおりの対象（この場合は，おもちゃ B）をしっかり見ることができました。しかし，②の時には，おもちゃ A を見たり，おもちゃ B を見たりといった感じで，要するに確信をもってどちらかをしっかり見るということがなかったのです。まるで「この単語は，さっき聞いたのとはピッチパターンが違うから新しい単語だ。ってことは……あれ？　どっちも違うぞ」と困ってしまったかのような反応でした。

　この結果から，中国語環境で育つ子どもたちは 18 か月にしてすでに，音が同じでもピッチパターンが違えば別の単語だということがわかっていると言えそうです。しかし，この結果だけでは，中国語環境で育つ子どもはここに至るまでどのような道すじをたどってきたのか

■新刊 ―――――

金菱清編／東北学院大学震災の記録プロジェクト

## 永訣　あの日のわたしへ手紙をつづる

> 「拝啓　あの日の私へ。どうかこの手紙が届きますように」東日本大震災
> と原発災害から十年，被災者一人一人が記憶を呼び覚まし，声なき声
> の言葉を紡いだ31編を収録。『3・11慟哭の記録』『悲愛』に続く震
> 災の記録プロジェクトの手記集三部作，反響多数。
> ISBN978-4-7885-1705-9　四六判 224頁・本体 2200 円＋税

牧野陽子

## ラフカディオ・ハーンと日本の近代　日本人の〈心〉をみつめて

> ハーン＝小泉八雲が見つめつづけたものを，ウィリアム・グリフィ
> ス，イザベラ・バード，キャサリン・サンソム，さらには柳田
> 國男，柳宗悦，芥川龍之介，林芙美子など，幾多の視線が交錯す
> るなかに浮かび上がらせる。
> ISBN978-4-7885-1700-4　四六判 392頁・本体 3600 円＋税

渥美公秀・石塚裕子 編

## 誰もが〈助かる〉社会　まちづくりに織り込む防災・減災

> 災害時の「助ける−助けられる」関係は責任の所在や役割の明確
> 化を迫り，活動の複雑化と一部への負担増を生む。本書はまちづ
> くりに防災・減災を織り込むことで発想を転換。誰もが「あぁ，
> 助かった」といえる社会をつくるための実践ガイドと事例集。
> ISBN978-4-7885-1712-7　Ａ５判 164頁・本体 1800 円＋税

山口 誠・須永和博・鈴木涼太郎

## 観光のレッスン　ツーリズム・リテラシー入門

> 観光とは誰がどのように行なっても同じ経験となるような活動で
> はない。観光とは観ることであり，観ることは自由へのパスポー
> トであることを最大限に伝え，「好奇心を原動力とする学問として
> の観光」を実現する画期的なツーリズムの入門書。
> ISBN978-4-7885-1706-6　四六判 194頁・本体 1400 円＋税

澤井繁男

# カンパネッラの企て 神が孵化するとき

『太陽の都市』で知られるカンパネッラは、自然をありのままに見つめる「自然魔術師」の一人で、ガリレオとも交流したが、彼の科学的思考に同意できず、アニミズムの自然観を維持した。ルネサンスの時代を奔放に生きた特異な思想家の今日的意味に迫る。

ISBN978-4-7885-1704-2 四六判 288頁・本体 3800 円+税

坂口由佳

# 自傷行為への学校での対応 援助者と当事者の語りから考える

中高生にとって自傷行為はすでに身近なものだが、自殺につながる危険があり、学校では対応に苦慮することが多い。本書は援助者である教師と当事者である生徒双方の豊かな語りの分析から、望ましい対応の在り方、期待される学校の体制を探る。

ISBN978-4-7885-1711-0 A 5 判 280頁・本体 3600 円+税

J.ヘンデン／河合祐子・松本由起子 訳

# 自殺をとめる解決志向アプローチ 最初の10分間で希望を見いだす方法

深い絶望のなかにいるクライエントが、シンプルだが考え抜かれた質問によって解決の道を歩みだす——。初回セッションの最初の 10 分間をどう構築するかが自殺予防の鍵を握ると説く著者が、希望を見いだし生かす方法を事例とともに丁寧に解説。

ISBN978-4-7885-1702-8 A 5 判 288頁・本体 4300 円+税

園部友里恵

# インプロがひらく〈老い〉の創造性 「くるる即興劇団」の実践

〈老い〉こその人との関わり方や表現がある。高齢者たちが舞台に立って即興で物語を紡いでいくインプロ実践集団「くるる即興劇団」。そこで繰り広げられる多彩なパフォーマンスがもたらした、〈老い〉への向き合い方の変化と豊かな創造性への気づき。

ISBN978-4-7885-1708-0 四六判 184頁・本体 1800 円+税

T.R.デュデク&C.マクルアー 編／絹川友梨 監訳

# 応用インプロの挑戦 医療・教育・ビジネスを変える即興の力

企業や医療、教育、NPO 等の研修やワークショップで、遊び心を発揮しながらリーダーシップのとり方や創造的な関わりあいを体得する、演劇を応用したインプロが日本でも取り入れられ、実践されている。その考え方と実際の進め方、勘所を懇切に解説。

ISBN978-4-7885-1701-1 A 5 判 232頁・本体 2500 円+税

國分功一郎・熊谷晋一郎

*たちまち3刷!*

# 〈責任〉の生成　中動態と当事者研究

互いの研究への深い共鳴と10年にわたる議論／共同研究が，我々の堕落した〈責任〉概念を刷新し，新たな日常へと架橋する。

ISBN978-4-7885-1690-8　四六判変形432頁・本体2000円＋税

S.リヒター／小林敏明 編訳

# 闘う日本学　消費文化・ロスジェネ・プレカリ化の果てに

ドイツの日本学者による〈ポスト戦後〉の政治社会学論集。消費とポピュラー文化を跡づけ，思想史の地平から危機をあぶり出す。

ISBN978-4-7885-1686-1　四六判248頁・本体2500円＋税

前田泰樹・西村ユミ

# 急性期病院のエスノグラフィー　協働実践としての看護

急性期の現場で看護師たちは何を見聞し，考え，報告しあうのか。看護を協働によって円滑に成し遂げる方法論を見出す記録集。

ISBN978-4-7885-1681-6　A5判196頁・本体2100円＋税

日比嘉高

# プライヴァシーの誕生　モデル小説のトラブル史

藤村『春』，三島『宴のあと』から柳『石に泳ぐ魚』まで，プライヴァシー概念の成立を「表現の自由」との相克のなかに辿る。

ISBN978-4-7885-1685-4　四六判308頁・本体2900円＋税

堀井一摩

# 国民国家と不気味なもの　日露戦後文学の〈うち〉なる他者像

桜井忠温『肉弾』，漱石『心』，大逆事件などをめぐる日露戦前後の文学を題材に，国民化の圧力と不気味なものの噴出を活写する。

ISBN978-4-7885-1678-6　四六判408頁・本体3800円＋税

小倉孝誠 編著

# ワードマップ 世界文学へのいざない　危機の時代に何を,どう読むか

文学は常に危機のなかにあった。近代200年の世界文学の豊穣の森に分け入り，危機を生きる人間の知恵とエネルギーを享受する。

ISBN978-4-7885-1683-0　四六判328頁・本体2700円＋税

熊谷高幸

# 「自分カメラ」の日本語「観客カメラ」の英語　英文法のコアをつかむ

なぜ「いま行きます」が "I'm coming." になるのか？　日本語と英語の根本的な違いの理由が納得できる，究極の英語再入門！

ISBN978-4-7885-1666-3　四六判232頁・本体2200円＋税

レンはどこ？

**子どもの単語の理解を調べる**

はわかりません。つまり，その発達の道すじについては，二つの仮説を考えることができます。まず仮説1は，子どもは（どのような言語の環境で育つにしても）みな最初はピッチパターンも"言語の音"だと思って聞いており，中国語では実際に単語を理解するためにピッチパターンを聞き分ける必要があるため，中国語環境で育つ子どもにおいてはその"最初の状態"が保たれているというもの。そして，仮説2は，どの言語圏で育つ子どもも最初は，単語を聞き取ろうとするときピッチパターンにあまり注意を払っていないけれど，中国語ではピッチパターンが違えば別の単語になるため，そのことを経験した子どもたちは18か月になるまでのあいだにしっかりピッチパターンを聞くことを学習してきたというものです。

　どちらの仮説が正しいのかについて検討するには，単語をピッチパターンで区別し・・・ない言語，たとえば英語を聞いて育つ子どもたちが，どのような発達をたどるのかを調べてみるに限ります。そのような子どもたちも最初は，音が同じでもピッチパターンが違えば別の単語と見なしているかのような振る舞いを示すのでしょうか。そうであれば，

中国語環境で育つ子どもについても上の仮説1があてはまると考えられます。また，英語を聞いて育つ子どもたちが，最初から最後まで，ピッチパターンをあまり気にしないのであれば，中国語環境で育つ子どもたちについては，ピッチパターンで単語を区別する中国語での経験があったからこそピッチパターンに注意を向けるようになったと言えるでしょう。つまり，仮説2が正しいということです。それで実際，英語環境で育つ子どもたちを調べてみたらどうだったでしょうか。

## 英語環境で育つ子どもの場合

　このことを調べた研究（文献 [23]）で対象になったのは，英語環境で育つ14か月児と，17か月児，そして19か月児です。

　まず学習フェーズでは子どもに，おもちゃAを見せている時には上がり調子の／ク**ウ**／という単語を聞かせ，おもちゃBを見せている時には下がり調子の／ク**ウ**／という単語を聞かせるということを繰り返しました。そして，続くテストフェーズにおいては，おもちゃとラベルの組み合わせが学習した通りの場合（セイムテスト）と入れ替えられた場合（スイッチテスト）で，子どもの注視時間を測定しました。

　セイムテストでは，たとえばおもちゃAを見せられた状態で上がり調子の／ク**ウ**／が聞こえてきます。しかし，スイッチテストでは，おもちゃAに対して下がり調子の／ク**ウ**／が聞こえてきたりします。学習フェーズでモノとラベルの結びつきをしっかり学習できていれば，スイッチテストは違反です。そのことに気づけば，子どもはスイッチテストでは（驚いて）セイムテストより長い注視時間を示すはず，というのが実験のロジックです。

　調べられた14か月児，17か月児，19か月児のうち，セイムテストよりスイッチテストを長く見た（つまり，ラベルとモノの組み合わせが変わって驚いた）のは14か月児だけでした。17か月児と19か月児の場合，セイムテストとスイッチテストの注視時間に差はありませ

んでした。ということは，17 か月児と 19 か月児は，ピッチパターンだけが異なる同音語／**クウ**／と／**クウ**／をそれぞれ別々の対象と結び付けて覚えることができなかったということでしょうか？　いえいえ，"新しいことを覚える力"という点で，17 か月児や 19 か月児が 14 か月児より劣っているということはありません。むしろこの結果が指し示しているのは，17 か月児や 19 か月児は，ピッチパターンが違っても音が同じなら別の単語と見なさないということです。

　英語では単語をピッチパターンだけで区別したりはしませんので，ピッチパターンが違っても音が同じなら同じ単語と見なすというのは，英語を覚えていこうという子どもたちにとっては正しいやり方です。それでもこの研究からわかるのは，英語環境で育つ子どもたちも初めからピッチパターンを無視していたわけではないということです。14か月児は，音が同じでピッチパターンだけが異なる単語を，それぞれ別のモノと結びつけて覚えましたが，これはつまり，ピッチパターンが違えば別の単語として扱っているということです。それが，17 か月になるころまでには，自分の言語で単語を聞き分けるのにピッチパターンはあまり重要でないということを学び，そのような態度で言語学習にのぞむようになったということです。

　このように子どもの発達とは，初めはピッチパターンも母音や子音などの音素もすべていっしょくたにして"言語の音"に含めてしまっていたのが，その言語における"言語の音"とはどこなのかの見極めがつくにしたがって，"言語の音"と見なす範囲を絞っていく，というもののようです。それが中国語環境で育つ子どもなら，初めからピッチパターンも単語の一部だと思って話し声を聞いていたけれど，実際に中国語ではそうすることが必要だったので，そのまま単語の聞き分けにおいて"音"だけでなくピッチパターンにも注目し続けているということなのです。

# "言語の音" はどのようにしてわかるのか

　それにしても，自分の学んでいる言語においてピッチパターンも"言語の音"として重要であるとか，重要でないといったことが，子どもにはどのようにしてわかるのでしょうか。これについては，次のような二つの仮説を考えることができます。

　第一の仮説は，同じ単語がいつも必ず同じピッチパターンで発音されているかどうかが手がかりになるというものです。つまり，同じ単語がいつも同じピッチパターンで発音されるのを聞いていれば，「その単語は必ずそのようなピッチパターンで発音されなければならない」，また「ピッチパターンが違ったら同じ単語ではない」と考えるようになるのではないか，という仮説です。

　そもそも中国語では単語ごとにピッチパターン（声調）が決まっています。ですから，子どもに話しかける時も，ピッチの変化幅を大きくしてそのパターンを大げさに表現することはあっても，別のピッチパターンにしてしまうこと——たとえば上がり調子であったものを下がり調子に変えてしまうといったこと——はありません。このように中国語では，どれだけ感情が高ぶって話すときの声の上がり下がりが大きくなろうと，単語ごとのピッチパターンが崩されることはないのです。いつもそのような話し声を聞いていればこそ，単語を聞きとる上では"音"だけでなくピッチパターンも重要だと子どもは理解するようになるのではないでしょうか。

　このような中国語に対して，英語ではピッチパターンは単語を聞き取るときの重要な情報ではありません。それもあってか，実際に小さな子どもに話しかけるときの大げさな話しぶりを見ても（文献 [24]），同じ単語のピッチパターンはいつも同じにはなってはいません。たとえば，no も典型的には（大急ぎで制止するような場合には）低い声で平板にピシリと発音されるかもしれませんが，相手にしっかり no であ

ることをわからせようとするときには，ゆっくりとした下がり調子で
発音されたりもします。このように，同じ単語が必ずしもいつも同じ
ピッチパターンで発音されるわけではないことをふだんから経験して
いれば，子どももピッチパターンを単語を同定し区別するために重要
な情報だとは考えなくなるでしょう。

　このように，「子どもたちは単語がいつも同じピッチパターンで一
貫して発音されているかどうかを手がかりにして，ピッチパターン
も"言語の音"かどうかを見極めている」というのが第一の仮説です。
これは「一貫性手がかり仮説」と呼んでおきましょう。

　もう一つ考えられるのは「単語区別手がかり仮説」とでも呼べるよ
うなものです。この仮説では，ピッチパターンが違えば単語（の意味）
も違うという経験をすればこそ子どもたちはそのままピッチパターン
を"言語の音"として扱い続けるし，そのような経験をしなければ，ピッ
チパターンを"言語の音"からはずしていくのだと考えます。中国語
を聞いて育つ子どものまわりでは，子音と母音の組み合わせとしての
"音"は同じなのにピッチパターンが違うと意味も異なるということ
が頻繁に起こっています。その一方で，英語を聞いて育つ子どものま
わりでは，そのようなことはほとんど起こりません。"言語の音"とは，
その音を聞くことによって，それがどの単語なのかがわかる，そのよ
うな情報ということです。したがって，上のような経験にもとづいて，
中国語ではピッチパターンが"言語の音"に含められ，英語でピッチ
パターンは"言語の音"から除外されるのではないでしょうか。この
ように考えるのが「単語区別手がかり仮説」です。

　それにしても，「一貫性手がかり仮説」と「単語区別手がかり仮
説」，そのいずれが正しいかは，中国語環境で育つ子どもや，英語環
境で育つ子どもを見ていただけでは決められません。中国語環境で
は，同じ単語はいつも決まったピッチパターンで発音されるというこ
とと，ピッチパターンが違えば別の単語になるということが同時に起
こっているからです。そして，英語環境では，どちらも起こっていま

せん。しかし，日本語環境では，中国語環境とも英語環境とも異なることが起こっています。そのようなわけで，この問題を解こうとするとき，日本語環境で育つ子どもにスポットライトをあててみることが重要になるのです。

# 日本語の単語の区別におけるピッチパターン

　日本語では，どのようなピッチパターンで発音すべきかが単語ごとに決まっています。日本語の単語には複数の音節でできているものが多いのですが，その中のどの音節をほかより声を高くして（つまり，アクセントをつけて）発音するかは，単語ごとに決まっています。したがって，子どもがある特定の単語を耳にするとき，それはいつも同じピッチパターンで発音されています。このような状況のもとであれば子どもはピッチパターンも“言語の音”と見なすようになるというのが「一貫性手がかり仮説」の予想です。

　しかも日本語では，ピッチパターンが違えば別の単語になることがあります。前にも述べたように，東京方言の／ハシ／（箸）と／ハシ／（橋）の場合などがそうです。このように書いてくると，次のような声が聞こえてきそうです。ピッチパターンで単語が決まると言えば，結局中国語と変わらないではないか。このような日本語を聞いて育つとすれば子どもは当然，ピッチパターンを“言語の音”として重視するようになるのではないか。つまり，日本語環境で育つ子どもを調べても，中国語環境で育つ子どもと同じ結果になることは目に見えており，結局「一貫性手がかり仮説」と「単語区別手がかり仮説」のどちらが正しいかを決することはできないのではないか。そう言われてしまいそうです。

　しかし実はこの先が問題なのです。日本語は全体として見た場合には，ピッチパターンによって区別される同音語の数は決して多くありません。ある研究（文献 [25]）によれば，国語辞典[2]に掲載されてい

る語の中で意味の違いがアクセント型[3]（ピッチパターン）によって区別できる同音語は 13.6%にすぎなかったといいます。これに対して，中国語ではピッチパターンで区別される同音語の比率が 71.0%であったというのです。こうしてみると，日本語でのピッチパターンの役割は，「それがないと単語が区別できない」と言えるほど強いものではないのです。少なくとも，中国語に比べれば，日本語のピッチパターンは単語の区別にほとんど役立っていないと言ってよいレベルです[4]。具体的な例を考えてみましょう。たとえば／クモ／という単語であれば，第一拍目にアクセントがある頭高型（／**ク**モ／），第二拍目にアクセントがある尾高型（／ク**モ**／），アクセント核のない平板型（／クモ／）の 3 種類のアクセント型（ピッチパターン）が可能です。しかし，実在する単語を見てみると，雲も蜘蛛も東京方言では同じ頭高型です。ピッチパターンは単語の区別のために使われていません。また，手元の「新明解アクセント辞典」（文献 [26]）を見てみると，／コーショー／という "音" の単語は実に 18 あるのですが，そのすべてが同じア

---

[2]　分析対象になったのは，この研究の実施された当時 1984 年刊の林四郎・野元菊雄・南不二男（編）『例解 新国語辞典諸般』（三省堂）です。今となってみれば新しいとは言い難いのですが，日本語のおおよその傾向を知ることはできます。

[3]　日本語のそれぞれの単語において，ピッチが高くなる（アクセントがおかれる）箇所があるとすれば，それは一か所だけです。したがって，その単語の何拍目にアクセントがあるか（あるいは，どこにもないか）によって，単語のピッチパターンを記述することができるわけです。それがアクセント型です。ここでは引用した研究にしたがって，単語のピッチパターンのことを「アクセント型」と呼んでおきました。

[4]　（ここまであえて触れなかったのですが），日本語には，すべての単語が平板型という方言もあるくらいです。単語にアクセントをつけて話す方言においても（ここで紹介した論文で分析対象になっていた標準語も一つの "方言" と言えます），それが単語の区別にあまり役立てられておらず，私たちはそれで困っていないのであれば，むしろ日本語は，単語をアクセント型で区別する必要のない言語ということになるでしょう。

「クモ」の意味は？

クセント型です。／ハシ／の例で考えたときには単語の区別に役立っているように見えたピッチパターンですが，日本語を広く見渡してみればそれほど役立てられていないのです。

　このようなわけで，日本語を聞いて育つ子どもがピッチパターンを"言語の音"として聞くのかどうかを調べれば，一貫性手がかり仮説と単語区別手がかり仮説のどちらが正しいかについて決着がつけられると考えられました。もし日本語環境で育つ子どもがピッチパターンを"言語の音"と見なしているなら，一貫性手がかり仮説が支持されます。子どもが耳にする話し声の中で，それぞれの単語がいつも決まったピッチパターンで話されていさえすれば（たとえピッチパターンは単語の区別にはあまり役に立っていなくても），子どももピッチパターンも"言語の音"として聞くようになるということです。一方，もし日本の子どもがピッチパターンをあまり重視していないなら，つまり，ピッチパターンが違っても別の単語になったと考えたりしないなら，ピッチパターンが"言語の音"と認められるためにはやはりそれが単語の区別に役立っていなければならないということになります。

つまり，単語区別手がかり仮説が支持されることになります。

# 日本語環境で育つ子どもの場合

さて，では日本語環境で育つ子どもを調べるとして，どのくらいの年齢の子どもを対象にすればよいでしょうか。中国語や英語の環境で育つ子どもを対象にしたこれまでの研究によれば，1歳後半ごろになれば子どもたちは自分の言語の要求にしたがった"言語の音"の聞き方ができるようになっているようです。そこで，山本寿子さんと筆者は，2歳の誕生日を迎えたばかりの子どもたち（24か月児）を対象にして，このことを調べることにしました（文献［27］）。

具体的な方法としては，たとえば犬と船の写真を並べて呈示し，「見て，／イヌ／だよ」のように知っている単語が東京方言では正しいピッチパターンで言われた場合や，「見て，／イヌ／だよ」のように聞き慣れないピッチパターンで言われた場合に，子どもはどちらの写真をどれだけ見るのか，つまりそれぞれの写真に対する注視時間を測定しました[5]。

結果として，子どもたちは，知っている単語が正しいピッチパターンで言われたときにはもちろん正しい対象の写真（ターゲット）を他方の写真（ディストラクター）より長く見ました。しかし，それだけでなく，知っている単語が聞き慣れないピッチパターンで言われたときにも，"音"が一致する写真のほうを長く見たのです。つまり，先ほどの例で言えば，船と犬の写真を並べて見せられ，「／イヌ／だよ」と言われても，船（ディストラクター）より犬（ターゲット）のほうを長く見たということです。このように日本語環境で育つ24か月児は，ピッチパターンが違っても単語は同じままだと考えているかのような

---

[5]　この研究の対象になった子どもたちについては，家で東京式アクセントを聞いていることを確認しました。

ふるまいを見せました。ということは，日本語環境で育つ子どもにとって，ピッチパターンは"言語の音"ではないということです。

# 補足実験

ただし，厳密に言えば，この実験の方法には弱点がありました。ペアにして子どもに見せられた写真は，犬と船の場合のように，どちらも子どもがすでに名前を知っているモノだったからです。これでは，／イヌ／と聞こえてきたときに「これは／イヌ／のことではない」と考えた子どもが，犬でない方の写真に目をやったとしても，そちらは／フネ／であってやはり／イヌ／ではありません。そのために子どもは「まさかコレ？」とばかりに犬に視線を向けるしかなかったのではないでしょうか。それで結局，単語が聞きなれないピッチパターンで聞こえてきてもターゲットのほうを長く見ることになったのかもしれません。この実験のやり方ではそのようなことが起こっていた可能性を排除できないのです。

実際この実験において，単語の"音"にマッチする対象（ターゲット）へと子どもが目を向けるまでの時間（反応潜時）は，その単語が聞き慣れないピッチパターンで言われた時には，いつもの正しいピッチパターンで言われたときより長くなっていました。単語のピッチパターンがいつもと違うことに子どもは確かに気づいていたのです。

そこで，補足実験では，子どもの目の前に並べる二つの写真のうち，ディストラクター（ターゲットではない方）としては子どもが名前を知らないモノの写真を使うことにしました。たとえば子どもは，犬の写真（ターゲット）とよくわからないモノ（ディストラクター）の写真が並べられた状況で，「見て，／イヌ／だよ」と言われ，それでどちらの写真を見るかが調べられたのです。

すると，この場合にも，知っている単語が聞きなれないピッチパターンで発音されるのを聞いた子どもはターゲットを見たのでした。

今回のディストラクターは子どもが名前を知らないモノだったわけですから，聞き慣れないピッチパターンの単語を聞かされて「これは知らない単語だ！」と思えば，「コレかな？」とディストラクターのほうを見ればよかったのです。しかし，子どもはそのようなことはしませんでした。こうして，日本語環境で育つ24か月児は，ピッチパターンを"言語の音"として重視してはいないらしいことが確かめられたのです。

# まとめ

　ピッチパターンによって単語を区別する言語もあれば，そうでない言語もあります。そうした中で子どもたちは何を手がかりとして，自分の言語においてピッチパターンが"言語の音"なのかそうでないのかを決めているのでしょうか。本章ではそのような問題について考えてきました。

　考えられた仮説は二つ。まず，一貫性手がかり仮説では，それぞれの単語がいつも必ず決まったピッチパターンで発音されるのを聞いていれば，子どもは自然にピッチパターンも"言語の音"として聞くようになると考えます。他方，単語区別手がかり仮説では，ピッチパターンを"言語の音"として聞くようになるためには，実際にピッチパターンが違えば意味が違うということを経験する必要があると考えます。

　この二つの仮説のうちどちらが正しいかを決めるには，日本語環境で育つ子どもがどうしているかを見てみるのがよいと考えられました。日本語では，すべての単語がそれ固有のピッチパターンで発音されますが，それにもかかわらず，ピッチパターン（の違い）は単語の区別にそれほど役立てられていないからです。日本の子どもがピッチパターンを"言語の音"として聞いているなら，一貫性手がかり仮説が正しく，日本の子どもがピッチパターンを"言語の音"として聞いていないなら，単語区別手がかり仮説が正しいと考えられました。結果

として軍配は単語区別手がかり仮説の方に上がりました。日本語環境で育つ24か月児は，知っている単語がいつもと違うピッチパターンで言われたくらいで，自分が知っているのとは違う新しい単語だと考えたりしなかったのです。

　こうして最終的には，単語区別手がかり仮説が支持されることになりました。子どもがピッチパターンを"言語の音"と見なすようになるかどうかは，その言語においてピッチパターンが単語を区別するのに実際に役立っているかどうかにかかっていたのです。

　それでも，ここまで繰り返し述べてきたように，日本語の場合，単語はそれぞれいつも決まったピッチパターンで——どのようなピッチパターンになるかは方言によって違うにせよ——発音されます。そのため，耳にした単語がいつもと違うピッチパターンになっていれば，私たちはすぐにそのことに気づきますし，この点は24か月児も同じでした。「／イヌ＼だよ」と知っている単語が聞き慣れないピッチパターンで言われたとき，24か月児は犬の写真に目を向けることができたものの，それにかかる時間は，「＼イヌ／だよ」と言われた場合より長くなったのです。

　すべての単語がいつもそれぞれに決まったピッチパターンで発音される日本語環境にいるおかげで，私たちはそこからの逸脱に対しても敏感になっています。そのピッチパターンは単語を区別する上で重要な役割を果たしているとは言い難く，ピッチパターンがいつもと違って発音されたくらいですぐにその単語を「自分の知らない新しい単語だ」と考えたりしないのは，子どもも大人も同じです。しかし，日ごろからの"いつも決まったピッチパターン"という経験ゆえに，私たちはそこからの逸脱を敏感に検出することができ，結果として，ピッチパターン違いの単語を別の単語として学習できる余力も残しているというのが本当のところなのでしょう。

# 3章 "言語の音" のイメージ

## もともとそういう "音" なのか，経験から作られるのか

> いつか本で読んだことがあるの。"名前が違えどバラはバラ，色も香りもちがいなし" なんてね。でも，そんなこと今でも信じられないなあ。バラって，アカマンマとかイヌフグリなんていうみっともない名前だったら，あんなに素晴らしい花を咲かせないと思うな。
> （文献［28］, p.56）

これは，"バラ" という単語の／バラ／という音は，この単語が指している対象（バラ）をいかにもよく表していると感じている，小説『赤毛のアン』の主人公アンのセリフです。確かに，日本語の／バラ／という音も "薔薇" という文字も，たくさんの花弁が重なり合った豪華な花のイメージによく合っているように筆者には感じられます。しかし，この物語はもともと英語で書かれているわけですから，アンが言っている「バラ」とは rose のことです。あの花が rose（という音の単語）でなければならないかと言われると，筆者にはピンときません。

このように考えてみて思い知らされるのは，自分ではこのモノにはこの名前（単語の音）こそがピッタリだと感じられても，誰にとっても同じように感じられるとは限らないということです。自分にそのように感じられるのは，日々そのモノを指すのにその単語を使ってきた

結果，なじみが生じただけかもしれないのです。

　そもそも「単語（の音）とそれが指す対象との関係は必然的なものではなく恣意的なものである」という考え方は，言語学では広く受け入れられてきました。それでも，単語は単語でもモノの名前ではなく擬音語や擬態語などのオノマトペということになると，やはり多くの人が，単語の音とそれが指し示す音や状態との間に，それを指すならその音でなければというような必然的な関係があるように感じているのも事実ではないでしょうか。そして，「このように音と意味との関係が必然的で誰にとっても透明であるなら，その単語の意味は初めて聞いた人にも伝わるのではないか」とも考えていたりするのではないでしょうか。

　実際，大人は子どもに対してよくオノマトペを使います。まるで「子どもがまだその単語を知らなかったとしても，オノマトペならその"音"の感じで，こちらの伝えたいことが伝わるのではないか」と考えているかのようです。たとえば私も，ある保育園の3歳クラスで，園庭から部屋に戻ってきたある男の子に向かって先生が，「〇〇ちゃん，お外から帰ってきたらうがいでしょ。ブクブクぺじゃなくて，ガラガラぺよ」と言うのを目撃したことがあります。私自身は，ブクブクぺ，ガラガラぺ，というオノマトペの連発に「なんだなんだ？」と思ったのですが，言われた子どもはすぐに水場に行き，喉をすすぐうがいを始めたのでした。子どものオノマトペ理解力に驚きつつ，その子どものうがいを見て「なるほどガラガラとはこのことだったのか」と納得し，さらには「ブクブクとはあれのことだろう」とわかった自分のことも面白く感じたものです。やはりオノマトペは，それが表そうとしていることをよく表していると誰もが感じるような音でできているため，誰にでもすぐその"感じ"が伝わるということなのでしょうか。

# 誰もが同じ "音" から思い浮かべる
# 共通のイメージ？

　確かに，これまでも，この "音" に対しては多くの人が同じような
イメージを思い浮かべるというもの（音象徴）はいくつか指摘されて
きました。たとえば，ブーバ＝キキ効果と呼ばれるものがあります。
図3-1のように，尖った輪郭線を持つ図形と丸みを帯びた輪郭線を持
つ図形を見せられて「どちらがブーバ（bouba）でどちらがキキ（kiki）
ですか」と尋ねられると，たいていの人が尖った図形の方がキキだと
答えるのです（文献［29］）。これまでにこの効果はさまざまな人を対
象に試され確認されてきており，今やこのように／キキ／が尖った図
形だと感じるのは大人だけでなく3歳児（文献［30］）も，さらには生
後4か月の子どもも（文献［31］）同じなのではないかということが指
摘されています。

　ほかに，母音の／ア／と／イ／であれば，多くの人が／ア／の方が
"大きい" と感じることも知られています。このことを確かめた最初
の研究では（文献［32］），アメリカの成人に，／ア／という母音が含
まれる無意味語（mal）と／イ／という母音が含まれる無意味語（mil）
を示して，それぞれの語が大小どちらのモノを表すと思うかを尋ね
ました。具体的には，「／マル（mal）／と／ミル（mil）／はどちらも

**図3-1　どちらが／ブーバ（bouba）／で，どちらが／キキ（kiki）／か？**
（文献［29］より）

テーブルのことなのですが，／マル／は／ミル／より大きなテーブル
でしょうか，それとも小さなテーブルでしょうか」と質問したのです。
すると，多くの人が／マル／は大きなほうのテーブルだと答えました。

　この最初の研究のあと，／ア／と／イ／のうち／ア／をより大きい
と感じることは，アメリカ以外に住む非英語話者にも（文献 [33] [34]），
また，（スペイン語環境で育つ）4 か月の子どもにも同じように見られ
ること（文献 [35]）が報告されてきました。4 か月児で調べた研究
では，子どもの目の前に大きな楕円と小さな楕円を並べて見せ，「ラ，
ラ……」とか「リ，リ……」と聞かせたとき，子どもがどちらの楕円
を見つめるのかを観察しました。すると子どもは，「ラ，ラ……」と
／ア／の母音が含まれた音が聞こえてきたときには大きな楕円のほう
を見つめ，「リ，リ……」と聞こえてきたときには小さな楕円のほう
を見つめたのです。

　このように，“文化や言語が違っても多くの人がそれを聞けば共通
のイメージを思い浮かべるような音”というのは確かにあるようです。
特に，そのような感じ方の兆しが生後 4 か月の子どもにも見られると
なると，このような“音”の感じ方はまさに人間に生まれつき備わっ
たものと言えそうです。私たちに生き生きとした鮮明なイメージを思
い浮かべさせるオノマトペも，まさにそういう“人間誰にでも共通の
イメージを思い浮かべさせる音”でできているのではないかと考えた
くもなります。

# 日本語オノマトペのルール

　日本語のオノマトペにも，それこそ日本語に馴染みがない人が聞い
てもそのイメージが鮮明にわかるような“音”が使われているとすれ
ば，それはどのような“音”でしょうか。このように考えたとき筆者
の頭に浮かんだのは，日本語には，子音の部分が濁音か清音（半濁音）
かということ以外はよく似たかたちをしており，ほとんど同じ状況を

表すのに使われるようなオノマトペのペアがたくさんあるということ
です。たとえば，太鼓の音を表す「ドンドン」と「トントン」，何か
がぶつかったりしたときの音を表す「ガチャン」と「カチャン」，お
せんべいやクッキーを食べ進むときの音を表す「ボリボリ」と「ポリ
ポリ」など。

　しかも，このようにペアになったオノマトペでは，濁音が使われた
ほうのオノマトペは，大きな物体から発せられる低くて強い音，清音
（半濁音）が使われたオノマトペは，小さな物体から発せられる高く
て弱めの音を表します。たとえば「ドンドン」は大きな太鼓の音，「ト
ントン」は小さな太鼓の音です。このようなオノマトペのペアが日本
語には少なくないのです。

　この "濁音" 対 "清音（半濁音）" という言い方はどうもすっきり
しないのですが，それはこの呼び方が文字に即したものだからです。
音の特徴という観点からすれば，この対比は "有声音" 対 "無声音"
と呼ぶべきものです。たとえば，／ド／と／ト／を発音してみるとわ
かるのですが，どちらを発音するときも口や舌の動きは同じで，母音
の音が響き始めるタイミングだけが違います。同じような関係は，／
ガ／と／カ／，／ボ／と／ポ／の間にもあてはまります。つまり，口
の動きは同じだけれど，母音の響き始めるタイミングが早いのが有声
音，母音の響き始めるタイミングが遅いのが無声音[1]です。

　したがって，有声音，無声音という言い方を使って日本語のオノマ
トペに広くみられる特徴について述べるなら，"有声音と無声音でペ
アになったオノマトペにおいて，有声音のオノマトペは大きな物体か

---

[1]　日本語でこれはたいてい清音と呼ばれ，濁点をつけない文字で書き表さ
れます。例外はハ行で，半濁点をつけて表されるパ行の音が無声音です（発
音してみると，同じ口の動きになるのはバ行とパ行で，ハ行は少し違うとい
うことがわかります）。なぜハ行だけこのようなことになっているかと言えば，
現在ハ行の文字で記されている音は，古い時代にはパ行の音で発音されてい
たからであるようです（文献［36］）。

ら発せられる強くて低い音，無声音のオノマトペは小さな物体から発せられる弱くて高い音を表す"ということになります。日本語のオノマトペにこれだけ広く一貫して見られる，ルールと言えるような特徴なのであれば，そのような音のイメージは日本語以外を母語とする人にも共有されているのではないか，少なくともそれを検討してみる価値はあるのではないか。そのように考えた趙麗華さんと筆者は中国語母語話者に，有声音と無声音でペアになった日本語のオノマトペを聞いてもらい，彼らも日本語話者と同じように，有声音のオノマトペは無声音のオノマトペより大きな物体やそこから発する音を表すように感じるのかを調べてみることにしました。

## オノマトペの理解を調べる実験 （文献 [37]）

　課題では，音源物体の大きさだけが異なる 2 枚の図版を見せ，有声音と無声音でペアになった擬音語のうちのどちらがどちらの図版にマッチすると思うかを質問しました。たとえば図 3-2 のような図版であれば，質問は次のようになりました。

　どちらの場面でも，坂をころがりおちていく石をブタが追いかけています。日本語で石がころがる音は，一方の絵では「ゴロゴロ」，

**図 3-2　実験で使用した図版の例**

　もう一方の絵では「コロコロ」です。このうち「コロコロ」はどちらの場面の音だと思いますか？」

　もちろん質問は中国語でおこない，日本語のオノマトペ（カッコで示したところ）だけ，あらかじめ録音しておいた音声を再生して聞いてもらうようにしました。というのも，その場で発音すると“ゴロゴロ”の方が“コロコロ”より低くて強い声になってしまったりして，（／ゴ／か／コ／かといった“音”ではなく）そのような声の調子や音響的特徴が判断に影響を及ぼしてしまうことが考えられたからです。調べたかったのは，声の調子やその音響的特徴がどのように感じられるかではなく，その“言語の音”がどのように感じられるかということです。したがって，録音したオノマトペ音声も，有声音のオノマトペと無声音のオノマトペで，声の強さや高さなどに違いがないかを点検し，必要な場合には音声編集ソフトで声の強さなどを調整して，課題では，有声音のオノマトペと無声音のオノマトペとして，音の強さや高さで差がないものを呈示しました。

　課題は，日本語の知識がない中国語母語話者を対象に実施したほか，比較のために日本語母語話者にも実施しました。課題に参加した中国語母語話者も日本語母語話者もいずれも大学生でしたので，以下ではそれぞれ中国人一般学生，日本人学生と呼んでいくことにします。それぞれが実在条件と新規条件に振り分けられました。実験で使用した図版の内容（場面）やオノマトペは表3-1に示されています。実在条件では，実在するオノマトペのペアについて質問し，新規条件では，日本語には実在しない新規のオノマトペのペアについて質問しました。新規のオノマトペとしては，実在のオノマトペの子音部分を別の子音に入れ替え，少なくともそのような場面でそのオノマトペは使われない，しかし有声音と無声音ではペアになっている，といったものを作成しました。

　新規条件を用意したのは，特に日本人学生において，呈示されたオ

表 3-1　実験で取り上げた場面とオノマトペ

| 場面（図版） | 2枚の図版違い | 実在条件 | 新規条件 |
|---|---|---|---|
| ネズミが花瓶を割る | 花瓶の大きさ | ガチャンーカチャン | ダチャンータチャン |
| ブタが<br>ころがる石を追う | 石の大きさ | ゴロゴローコロコロ | ドロドロートロトロ |
| リスが木の実をかじる | 木の実の大きさ | ガリガリーカリカリ | ザリザリーサリサリ |
| ネコがボールをつく | ボールの大きさ | ボンボンーポンポン | ゴンゴンーコンコン |
| ウサギが<br>ビスケットを食べる | ビスケットの<br>大きさ | ボリボリーポリポリ | ゾリゾリーソリソリ |
| サルが太鼓をたたく | 太鼓の大きさ | ドンドンートントン | ゾンゾンーソンソン |
| イヌが<br>蛇口から水を出す | 水滴の大きさ | ボタボターポタポタ | ゾタゾターソタソタ |

ノマトペをそのようなものとして"知っている"という知識と，有声音と無声音に対してそのようなイメージを抱いてしまうといった，より一般的な感覚とを区別したかったからです。というのも，日本人学生が実在の有声音と無声音のオノマトペをそれぞれ大と小に対応づけたとしても，それだけでは，実際にそれらのオノマトペをそのようなものと知っているからなのか，それとも，有声音と無声音についてはそれぞれ大と小を表すように感じてしまう，一般的な感覚を持っているからなのかはわかりません。図 3-2 のような図版を示され，どちらが"ドロドロ"でどちらが"トロトロ"かとなじみのないオノマトペで尋ねられても，"ドロドロ"を大きな石がころがっている場面に対応づけるなら，それは単なる知識ではなく，有声音と無声音の"音"に対するより一般的な感覚を持っていると見なせます。

## それは日本語母語話者ならではの感じ方だった

実験の結果は図 3-3 のようになりました。グラフに示されているの

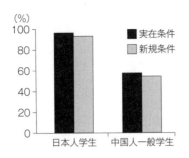

**図 3-3　有声音と無声音でペアになったオノマトペの理解**
（文献［37］にもとづき作成）

は，日本人学生と中国人一般学生がそれぞれの実在条件と新規条件において，有声音のオノマトペは大きな物体へ，無声音のオノマトペは小さな物体へと対応づけた率（パーセンテージ）です。

　日本人学生は，実在条件でも新規条件でも 90％ 以上の確率で，有声音のオノマトペはより大きな物体へ，無声音のオノマトペはより小さな物体へと対応づけています。つまり，日本語母語話者は，既存のオノマトペをそのようなものとして"知っている"というだけでなく，有声音と無声音の"音"に対する一般的な感覚を持つということです。一方，中国人一般学生が，有声音と無声音のオノマトペをそれぞれ大と小の物体に対応づける率は 50％ 程度でした。ここでは 2 枚の図版の中からオノマトペに合う場面を選んでもらっていますので，あてずっぽうに選んでも当たる確率（チャンスレベル）は 50％ です。そのことを踏まえると，中国人一般学生は，有声音のオノマトペを無声音のオノマトペより大きなイメージに結びつけるといった，一貫した判断はしていなかったと言えそうです。

　このように，有声音は無声音より大きな物体や状態を表すという感じ方は，日本語を知らない人には共有されていませんでした。このような感じ方は，どうやら日本語を身につけ使い続ける中で育まれるものであったのです。

# 外国語として日本語を学習することの影響

　それにしても，日本語環境で育つなら，日本語についてのあらゆる経験をするはずです。したがって，そうした中で言語の音のイメージが作られると言われても，結局どの"日本語経験"が有声音と無声音に関するこのようなイメージづくりに寄与しているかを見つけるのは，簡単なことではなさそうです。そこで，趙麗華さんと筆者（文献 [37]）は続いて，外国語として日本語を学ぶ人たちは，どれだけどのような日本語経験を積めば，有声音と無声音がそれぞれ大と小を表すという日本語の音イメージが"わかる"ようになるのかを調べてみることにしました。

　今回の対象は，中国の大学で日本語を専攻している2年生と4年生です。日本語経験を積めば積むほど，つまり知識が増えれば増えるほど音の感じ方も日本語話者に近いものになっていくのだとすれば，2年生より4年生の方が日本語話者に近い反応を示すと予想されました。

　その結果が図3-4です。有声音と無声音でペアになったオノマトペをそれぞれ大小の物体に対応づけた（ここではこれを「正答」と呼んでおきます）率は，4年生も2年生も，また実在条件でも新規条件でも，チャンスレベルより上でした。つまり，どのグループも，偶然で当たったでは済まされない，高い正答率を示しました。グラフでは，2年生も4年生も実在条件より新規条件のほうが正答率は少し高くなっていますが，この差は統計的に意味のあるものではありません。また，4年生より2年生のほうが正答率は少し高くなっているように見えますが，これも統計的に意味のある差ではありませんので，4年生も2年生も出来は同じくらいだったと言えます。

　なぜ日本語専攻の4年生と2年生のあいだに差が見られなかったのかということも気になりますが，その問題にはまたあとで戻ってくることにして，まずは，この日本語専攻学生の結果（図3-4）を図3-3の

46

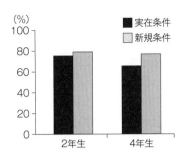

**図3-4　日本語を専攻する中国人学生のオノマトペ理解**
（文献［37］にもとづき作成）

　日本人学生や中国人一般学生の結果と比べてみましょう。すると，日本語専攻学生の正答率は日本人学生と中国人一般学生の中間であることもわかります。日本語専攻の学生は，大学に入ってから日本語を勉強し，有声音や無声音についての感じ方も日本語母語話者に近づき，日本語の音のイメージが少しわかるようになっていたということのようです。

## 日本語を学ぶと正答率が上がる理由

　では，この"少しわかるようになる"とは，いったいどのようにして起こったことなのでしょうか。二つほど可能性を考えて，データを再分析してみることにしました。

　第一の可能性は，学校で習ったオノマトペが課題に出てきたため，そのぶん正答率が上がったというものです。そして，もう一つの可能性は，有声音のオノマトペは大きな物体，無声音のオノマトペは小さな物体にかかわる音や状況を表すという日本語オノマトペのルールを学校で習ったため，課題での正答率が上がったということです。

　まず，第一の可能性について。日本語専攻の学生は，学校でオノマトペも習っており，課題にも知っているオノマトペが出てきたため，

そのぶんだけ正答率が上がったのでしょうか。もしそうであれば，正答率は新規条件より実在条件のほうが高くなるはずです。新規条件で使われたオノマトペは日本語に実在しませんから，学校で習ったはずがありません。

しかし，図3-4を見てもわかるように，4年生も2年生も実在条件のほうが新規条件より正答率が高いということはありませんでした。むしろ新規条件のほうが少し高いように見えるくらいです。しかし，これも統計的に意味のある差ではありませんでしたので，日本語専攻学生の正答率は，実在条件でも新規条件で同程度だったと言えます。

また，日本語専攻の学生たちには，課題に出てきたオノマトペを知っていたかどうかも尋ねました。そこで，「知っていた」と回答されたオノマトペペアを除き，もう一度正答率を計算し直してみましたが，正答率は相変わらずチャンスレベルより上でした。つまり，日本語専攻の学生たちが"少しわかるようになっている"という結果は，課題に出てきたオノマトペ（の一部）を実際に知っていたため，ということでも説明できないものでした。

次に第二の可能性についてです。日本語専攻の学生たちは，「有声音と無声音でペアになったオノマトペにおいて有声音のオノマトペは無声音のオノマトペより"大きい"イメージを表す」というルールを知っていたのでしょうか。

このことを調べるために，学生たちには，どうしてそのオノマトペはそちらの図版を表していると考えたのか，判断の理由も答えてもらいました。この質問に「日本語のオノマトペではそういうルールになっているから」と答えた人は実際にいて，そのような人は2年生で2.5％，4年生で12.5％でした。また，「そのようなルールを知っていた」と答えた人の正答率は100％でした！　そこで今度は，この"ルールを知っていた"人たちをデータから除き，日本語専攻学生の正答率を計算し直したのですが，それは相変わらずチャンスレベルより上でした。日本語のオノマトペのルールをどこかで知ったということだけで

も，グループ全体としての正答率が"少し上がった"ことは説明できないことがわかりました。

# 日本語学習の最初期に習う"何か"

　日本語の知識であれば，日本語専攻の 4 年生の方が 2 年生より豊かなはずです。課題で使った実在のオノマトペを「知っていた」と報告した人の比率も，有声音と無声音がそれぞれ大小を表すという日本語オノマトペのルールを知っていた人の比率も，2 年生より 4 年生のほうが高かったのです。それにもかかわらず，オノマトペ課題の正答率に 4 年生と 2 年生で差はありませんでした。

　以上の結果から推測できるのは，日本語専攻の学生たちの"少しわかるようになった"状態とは，日本語に触れる時間が長くなり，知識や経験が増えるにつれ，じわじわと作られてきたものではないのではないかということです。むしろ，2 年生と 4 年生に差がなかったということは，この"少しわかる"状態が，日本語学習の最初期に教わる，ごくごく基本的な日本語知識によってもたらされたものであることを示しているようです。それはたとえば，日本語の発音や，かな文字などでしょうか。

　発音ということで言えば，/ba/, /pa/ のような有声音と無声音は，中国語ではそれぞれ無気音，有気音と呼ばれます。日本語ではどちらも同じように息を吐いて出す音で，違いは声帯が振動し母音の音が出始めるタイミングだけです。有声音では無声音より母音が出始めるタイミングが早く，母音が目立って強く響くように感じられるため，日本語では"大きい"というイメージと結びつきやすいのかもしれません。

　一方，中国語の /ba/ と /pa/ についても，母音の音が出始めるタイミングが /ba/ は /pa/ より早いというところは日本語と同じです。しかし，中国語においてそれより目立つ特徴だと考えられているのが，

発音する時の息の吐き方です。/ba/ は，「息を強く吐くことなく発音する」（文献［38］p.10）（空気の音がしない）音なので無気音，/pa/ は「強く息を吐き出し発音する」（空気の音がする）音なので有気音と呼ばれるのです。

　このように日本語と中国語では発音のしかたが違います。それで中国語母語話者にとって，日本語の発音を明示的に教えられて自分でもやってみることは，／バ／のほうが／パ／より母音が響く力強い音で，"大きい"イメージを表すのにピッタリだと感じる日本語話者のイメージに近づくきっかけになるのかもしれません。

　また，かな文字は，濁点がついているかどうかで，どの音とどの音が有声音と無声音のペアなのかをわかりやすく見せてくれる表記システムになっています。ゴロゴロとコロコロ，ドンドンとトントンといったオノマトペも，かな文字で書き表してみれば，どれとどれがペアになっているのかは一目瞭然です。くわえて，有声音は，かな文字で書くと濁点がつく文字になります。濁点がつく文字で表される音どうし，つまり有声音どうしの"横の"つながりも際立ちます。となれば，なんだか音のかたちが似たオノマトペは，文字にしてみると濁点がつくかどうかでペアになっており，そういうオノマトペペアの濁点がつく側は皆なんとなく"大きい"。そのようにして有声音や無声音に対する一般的なイメージができあがっていっていてもおかしくはありません。

　それにしても，日本語の発音にせよ，かな文字にせよ，外国語として日本語を学習する場合には学習の初め比較的短い期間に一気に教えられるものです。このように，日本語の発音を教えられることと，かな文字を学ぶことが，ほぼ同時期に起こっているとすれば，その前後でオノマトペ課題の成績が変化したとしても，それを引き起こしたのは発音と文字のどちらなのか（あるいは，その両方がそろうことが必要なのか）ははっきりしません。その意味で，発音と文字，それぞれの知識がどのようにして有声音や無声音の音イメージ形成に寄与してい

るのかを解きほぐして検討することは，外国語として日本語を学習する人たちを対象にしていたのでは難しそうです。

その点，日本語環境で育つ子どもたちのことを考えると，通常はまず日本語の発音を身につけ，そのあとにかな文字を覚える，という順序で学習が進みます。しかも，発音もかな文字もそれぞれ時間をかけて習得されます。したがって，日本語環境で育つ子どもたちを調べれば，有声音と無声音のイメージづくりに対して，日本語の発音やかな文字について知ることがそれぞれどのような寄与をしているのか，解きほぐして検討できるのではないかと考えられました。そこで次は，日本語環境で育つ子どもたちを対象にして，かな文字を習得することが，有声音や無声音の音イメージに何か影響を及ぼしているのかについて調べてみることにしました。

## Column　文字が言語音の処理に影響する？

文字は見るもの，言語の音は聞くものであることを考えると，文字が言語の音の認識に影響するという考えは，少し突飛なもののように思えるかもしれません。しかし，古典的な研究（文献[39]）でも，音声で呈示された二つの単語が韻を踏んでいるかどうかを判断する課題において，それら二つの単語の韻の部分の綴りが同じであると，綴りが一致しない場合に比べて，判断が速くなることなどが見いだされています。たとえば二つの単語として pie と tie が聞こえてきた時の方が，rye と tie が聞こえてきた時よりすばやく「韻を踏んでいる」と判断できるのです。

また，音声で聞かされた単語が実在するものかどうかを判断（語彙判断）する課題でも，綴りの影響が指摘されています。たとえば，英語の /-ʌk/ という音を文字で書くとすれば，その綴りは"-uck"しかありません（たとえば duck, tuck, suck…）。しかし，/-it/ とい

う音は "-eat" と綴ることもあれば，"-eet" と綴ることもあります（たとえば，feat/feet, meat/meet…）。前者の，音と綴りの関係が一つに定まるケースについては "一貫している（consistent）"，後者については "一貫していない" などと言われたりしますが，"一貫していない" 音を含む単語では，"一貫している" 音を含む単語より，語彙判断に手間取るようなのです（文献 [40][41]）。しかも，このような "音と綴りの一貫性" の影響（発音綴字一貫性効果，orthographic consistency effects）は，成人だけでなく，文字を覚えてまだ日の浅い小学 2 年生にも見られたと報告されています（文献 [42]）。このようなところから，言語音の処理が綴り字に影響されるといったことは，文字が読めるようになると早々に起こることであるようです。

　それにしても，文字や綴りが，言語の音の処理にまで影響するというのは，いったい「どのようにして」なのでしょうか。最近の研究では，文を聞いているとき，脳の中では，音韻処理にかかわる部位だけでなく，文字で書かれた単語の認識にかかわる領域（視覚性単語形状領域　visual word form area）も同時に活性化されることが明らかにされています（文献 [43]）。どうやら読むことをいったん身につけると，そのプロセスは脳の中の言語処理全般のネットワークの中に組み入れられ，入ってきた言語情報が文字で表現されたものでなく音声形式であったとしても，それを処理する時には，綴りを処理する領域もほかの領域と一体となって働いてしまうようなのです。このような処理システムの働き方の結果として，文字で入ってきたのでない言語情報の処理も，それと結びつく綴り字の影響を受けるようになるということなのでしょう。

# 日本語環境で育つ幼児のオノマトペ理解（文献 [44]）

　かな文字，特に濁点のついた文字（濁音文字）を学ぶことは，有声音と無声音の音イメージ形成に寄与しているのか。このことを調べるには，濁音文字を習得する前後での比較をしなければなりません。たとえば，濁音文字を知っている子どもでは，有声音と無声音でペアになったオノマトペをそれぞれ適切に大と小に対応づけられるけれど，濁音文字をまだ学んでいない子どもではそれができないといったことは見られるのでしょうか。

　このような比較ができるようにするために，筆者の研究では，ひらがな学習の進度という点で大きなばらつきの見られる 4 歳児を対象にすることにしました。つまり，4 歳児に，例のオノマトペ課題を実施し，また，どれだけひらがなが読めるようになっているかも調べました。オノマトペ課題はこれまでの研究と同様に表 3-1 に示した材料を使い，半数の子どもには実在の擬音語ペアについて質問し（実在条件），残り半数の子どもは新規なオノマトペについて質問しました（新規条件）。

　その結果です。まず，かな文字の知識がどうかということは考えずに，4 歳児の結果が全体としてどのようなものだったのかを見ておきましょう。オノマトペ課題で，有声音のオノマトペを大きいほうへ，また，無声音のオノマトペを小さいほうへと対応づけた率（正答率）は，実在条件では 76.1％，新規条件では 67.7％ でした。新規条件より実在条件のほうが少し高くなっていますが，これは統計的に意味のある差ではありませんでした。また，それぞれの条件の正答率をチャンスレベルと比較したところ，どちらの条件でも正答率はチャンスレベルより上であったことも確認できました。

　つまり，4 歳児は全体としてみれば，実在のオノマトペがかなりわかるようになっているだけでなく，初めて聞くオノマトペペアでも，

"有声音は大きなほう，無声音は小さなほうをあらわす"といったルールにそった判断ができるようになっていました。そのレベルは，図3-3で見たような日本人成人には及ばないものの，大学で日本語を専攻している中国人大学生たち（図3-4）くらいにはなっていたのです。

## 濁音文字知識の影響

次に，対象になった４歳児たちの濁音文字知識を調べると，半数の子どもが濁音文字を一つは読むことができるようになっており，残り半数の子どもたちは濁音文字はまだまったく読めないという状態でした。そこで，一つでも濁音文字が読める子ども（濁音文字知識あり群）とまったく読めない子ども（濁音文字知識なし群）の２グループに分け，グループごとに実在条件と新規条件の正答率を求めたところ，図3-5のグラフのようになりました。

このグラフを見てわかるように，濁音文字が読める子どもたちの正答率は，実在条件（74.5％）と新規条件（76.2％）で差はありませんでした。しかし，濁音文字がまだまったく読めない子どもたちでは，実在条件（77.0％）のほうが新規条件（60.9％）より正答率は高くなっていました（この差は統計的にも意味のあるものでした）。また，実在条件（図3-5で黒く塗りつぶした部分）どうしで比較すると，濁音文字が読める子どもと読めない子どもで，正答率に違いはありませんでした。しかし，新規条件（図3-5のアミ部分）どうしで比較すると，濁音文字が読めない子どもたちの正答率は，濁音文字が読める子どもたちより低かったのです。ただし，濁音文字が読めない子どもたちの新規条件の正答率もチャンスレベルよりは上でした。つまり，濁音文字が読めない子どもたちの新規条件における反応も，まったくのあてずっぽうではなく，どちらかと言えば，有声音のオノマトペをより大きなほうへと対応づける傾向が見られたのです。

さて，この結果から，何が言えるでしょうか。

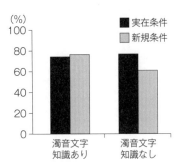

**図 3-5　濁音文字が読める子どもと読めない子どものオノマトペ理解**
（文献［44］にもとづき作成）

　まず，濁音文字が読める子どもたちでは，実在条件と新規条件の正答率に差がなかったこと。ここからわかるのは，濁音文字が読める子どもたちは，初めて耳にするようなオノマトペでも，知っているオノマトペの場合と同じように，そこに"有声音と無声音はそれぞれ大と小を表す"というイメージをあてはめて理解しようとしていたということです。

　次に，実在条件だけを見れば，濁音文字が読めても読めなくても，正答率に違いはなかったこと。ここから，実在のオノマトペについての知識は，濁音文字知識のある子どももない子どもも同じくらいであったことがわかります。

　そして，濁音文字が読めない子どもたちでは，実在条件の正答率より新規条件の正答率が低くなっていたこと。濁音文字が読めない子どもたちの，新しく耳にしたオノマトペの解釈は，知っているオノマトペのレベルには届かなかったということです。彼らは，実在のオノマトペは"知っている"ので，それなりに正答できましたが，初めて聞くオノマトペについては"同じように"回答するところまではいっていなかったのです。

　このように全体の結果をみると，濁音文字は，子どもがそれまで蓄

積してきたオノマトペ知識の中に飛び込んで，有声音と無声音についての一般的な"音"イメージを定着させるような役割を果たしているのではないかと思われます。子どもたちは濁音文字どころか，かな文字もまったく読めないころから，大人たちがオノマトペを使うのを見聞きし，個別のオノマトペが表すイメージを一つ一つ覚えてきたことでしょう。しかし，その過程では，「ドンドン」と「トントン」が有声音と無声音でペアになっていることや，「ドンドン」と「ゴロゴロ」はどちらも有声音が使われていることなどはなかなか整理しきれていなかったかもしれません。そこに濁音文字が入ってくることによって，オノマトペをつくっている"音"どうしの関係は整理され，そのイメージは明白で一般的なものになっていく。そのようなことが起こっているように見えます。

　しかし，この研究の結果は同時に，濁音文字のおかげということだけで，私たちが有声音と無声音に対して持っているイメージの説明がつくわけでないことも示唆しています。濁音文字がまだ読めない子どもたちの新規条件における判断を見てください。実在条件には及ばなかったとは言え，まったくのあてずっぽうではありませんでした。つまり，濁音文字が入ってきていなくても，子どもたちは，有声音と無声音の一般的な"音"イメージを，それこそじわじわと時間をかけて身につけつつあったということではないでしょうか。とすれば，かな文字習得以前にじわじわと進行していたこのプロセスを支えていたものは何だったのでしょうか。

　振り返ってみれば，そもそもここでかな文字に注目したのは，大学で日本語を専攻する中国人学生が2年生にしてすでに，日本語オノマトペの有声音と無声音のイメージを身につけ始めているのを見たからです。鍵は，かな文字や，発音など，日本語を母語としない人が日本語を習うとき最初期に学ぶごく基本的な知識の中にあると考えられました。となれば，次に検討すべきは，日本語環境で育つ子どもたちが，"有声音や無声音の発音をどのようなものとして聞かされているか"

でしょう。

# 日本語の発音

　前にも書いたように，有声音と無声音は，発音するときの口の開き方や舌の使い方などは同じですが，声帯が振動して母音の音が響き始めるタイミングが違います。おおざっぱに言えば，空気が流れ出始める（＝子音の音がする）タイミングに対してほとんど同時に母音の音も聞こえ始めるのが有声音，母音の音の聞こえ始めがわずかに――せいぜい数十ミリ秒ですが――遅れるのが無声音です。このため，有声音は一般に母音が強く長く響く傾向があるようです。また，子音の音がしてから母音が響き出すまでの間にわずかに"息漏れ"の時間がある無声音は，少し高く細く弱い音になりがちであるようです。

　オノマトペ課題で使うためのオノマトペ音声を録音したときも実はそれで苦労しました。録音に協力してくれた人の発音は，有声音のオノマトペは少し強くなりがち，無声音のオノマトペは少し高くなりがちだったのです。しかし，オノマトペ課題は，声が高いとか強いといったことではなく，確実に"言語の音"でイメージを判断してもらわなければなりませんでした。そのためには，有声音のオノマトペ音声と無声音のオノマトペ音声は，声の強さや高さが同じになるようそろえる必要がありました。そもそもそのために，呈示するオノマトペ音声はあらかじめ録音しておくことにしたのですから。しかし，録音はそれほど簡単ではなく，協力者には何度も発音を繰り返してもらうことになりました。

　このような日本語の有声音と無声音ですが，それを子どもに向かって話すということになればどうでしょう。2章でも見たように，子どもに向かって話すときには，抑揚は大げさになります。"有声音は強く響く声になりやすく，無声音は細い声になりやすい"といったもともとの特徴も，子どもに向かって話すときにはいっそう強調されるか

もしれません。ましてや、"母音が響きやすい"有声音のオノマトペは，大きな物体の様子やそこからの音を表現するのです。大人は大きな物体の出す低くて強い音をイメージしながら，ことさら低く太い声で有声音のオノマトペを言ってみせるかもしれません。そのような大人の話し方は，この"言語の音"はこういう声の高さや強さこそふさわしい，たとえば，大きな物体の様子やそこからの音を表現する有声音のオノマトペは強く低い声で話されるのがふさわしい，といったイメージを子どもに伝えるものになっているかもしれません。そこで梶川祥世さんと筆者は，大人が子どもに話しかけるときオノマトペはどのような声で発音されているのかを，1歳前後の子どもを持つ母親を対象に調べてみることにしました。

# 子どもに話すときのオノマトペ音声（文献 [45]）

この分析のために，母親が子どもに向かって話しかける時のオノマトペ音声を録音しました。録音にあたっては，絵を見ながら，そこにつけられた文章を子どもに向かって読み聞かせてもらいます。絵はここまでのオノマトペ課題でも用いたもので，音源物体の大きさが異なる以外は同じことが起こっている二つの場面が並べて描かれています。そこに，大きな物体にまつわる出来事に言及する文（'大'文）と，小さな物体にまつわる出来事に言及する文（'小'文）を含んだ文章をつけ，これを子どもに向かって読み聞かせてもらったのです。

'大'文は，たとえば「こちらのリスは，大きなクルミをガリガリってかじりました」，'小'文は「もう1匹のリスは，小さなクルミをカリカリってかじりました」といったものでした。つまり，いずれの文にも，"大きな／小さな"という連体詞，"物体名＋助詞"（上の例では"クルミを"），有声音と無声音でペアになったオノマトペ（"ガリガリ／カリカリ"）が含まれるようにしてありました。分析では，この3つの部分の，声の強さ（音圧，単位はdB）と高さ（平均基本周波数，単位は

Hz) を調べました。

　その分析結果ですが，まず，それぞれの部分を読む声の強さは図3-6（a）に示したとおりです。音圧が高いほど音は強く，いわゆる"大きな声"ということになります。予想通り，オノマトペの部分は，'大'文の有声音のオノマトペのほうが，'小'文の無声音のオノマトペより強い声で話されていました。また，連体詞の部分も，「大きな」と言うとき（'大'文）のほうが「小さな」と言うとき（'小'文）より強い声になっていました。しかし，物体名に言及するときの声の強さは，どちらの文でも同じくらいでした。つまり，大きな物体にまつわる出来事について話すときは声全体が強くなるというわけではなく，どこが強くなるかは選択的で，大小にまつわる連体詞やオノマトペなどが強調のポイントになっているようでした。

　一方，声の高さについての結果が図3-6（b）です。周波数が大きくなれば声も高いということになります。こちらの面でも，オノマトペの部分の発音のしかたには'大'文と'小'文で差が見られ，無声音のオノマトペは有声音のオノマトペより高い声で話されていました。しかし，連体詞（"大きな／小さな"）や"物体名＋助詞"の部分は，'大'文と'小'文で差はありませんでした。やはり抑揚のつけ方は選択的

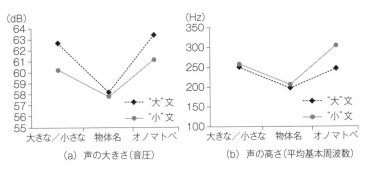

図 3-6　母親の読み聞かせ音声の音響的性質（文献［45］にもとづき作成）

です。

　このように，確かに母親は子どもに読み聞かせをするとき，声を強くしたり弱くしたり，あるいは，高くしたり低くしたりして，"声の演技"をしていました。その豊かな演技力が最もよく発揮される部分がオノマトペだったのです。そして，その演技の方向は，表現しようとする内容にそったものでした。大きな物体の様子やそこからの音を表す有声音のオノマトペは低く強い声で，小さな物体の様子を表す無声音のオノマトは細い声で話され，（大人が知っている）物理的な世界のありかたを描き出すようなものになっていたのです。

# 子どもの理解を助ける"声の演技"

　このように大人が子どもに向かって話す声を分析してみると，大きな物体の様子やそこからの音を表現する有声音のオノマトペは，ことさら強くて低い声で話されていました。また，小さな物体のことを表現する無声音のオノマトペは，いっそう高くて細い声で話されていました。大きな物体からの音は低く強くといったこの"声の演技"の方向性は，まさに大人たちが実生活の中で経験してきたことです。同時に，子どもたちも日々の生活の中で見聞きしていることでしょう。となれば，このような"声の演技"は，子どもたちの日常的な経験を足がかりに，オノマトペのイメージを生き生きと伝えようするものと言えます。確かに，「ドンドン」と「トントン」のうちどちらが大きな太鼓の音でどちらが小さな太鼓の音なのかがまだよくわかっていない子どもでも，「ドンドン」が低い声で，また「トントン」が高い声で言われるのを聞けば，それらのオノマトペが表すイメージをすんなりとつかむことができるかもしれません。

　このような"声の演技"の足場かけ（scaffolding）効果について検討しようと思うなら，無声音のオノマトペと有声音のオノマトペが同

じ声の高さで発音された場合（オリジナル条件）と，無声音のオノマトペが有声音のオノマトペより明らかに高い声で発音された場合（差異化条件）で，子どものオノマトペ理解は違ってくるのかを調べてみることです。そこで梶川祥世さんと筆者は次に，3歳児を対象にして，差異化条件では，オリジナル条件よりうまく，有声音と無声音のオノマトペをそれぞれ大と小の物体に対応づけられるようになるのかを調べました。

　結果として，チャンスレベルより高い正答率を示した子どもは，オリジナル条件では40%弱であったものが，差異化条件では80%以上になりました。"声の演技"は確かに，まだオノマトペ学習途上の子どもたちに，そのオノマトペが表すイメージを伝えるものとして機能していたのです。

　大人たちは子どもに話しかけるとき，有声音のオノマトペはことさら低く太い声で話し，また，無声音のオノマトペであれば高く細い声を使って話すというようにして，オノマトペの部分では特に生き生きと"声の演技"をしているようです。上の研究結果は，この"声の演技"，つまり話し声の中の "言語の音"以外の要素が，実際にその場での子どものオノマトペ理解を助けていることを示しています。そして，生活の中でこのようなことが繰り返されるうちに，「このような様子や音を表すにはこのオノマトペのこの音でなくては」といった感覚も育まれていくのかもしれません。

# まとめ

　言語の音の中には，誰が聞いても同じようなイメージを思い浮かべるものがあるようだ。とすれば，日本語のオノマトペはどうだろう？特に，有声音と無声音でペアになったオノマトペではたいてい，それぞれが大と小を表す。このような，日本語のオノマトペに広く一貫して見られる特徴であれば，日本語以外の言語の話者にも共有された，

人類に普遍的な "音" の感覚なのではないのか？

　そのような疑問から，本章で紹介した研究はスタートしました。しかし，最初の期待は早々にあっさりと裏切られ，そこから研究は，日本語話者がオノマトペの音に対して抱く生き生きとしたイメージはどのようにして作られてきたのかを考えるという（当初は思ってもいなかった）方向に進むことになりました。この「どのように」を支えている具体的な手がかりの候補としては，日本語の発音やかな文字に着目しました。というのも，大学で外国語として日本語を学ぶ2年生にもすでに日本語の擬音語の音イメージが "少しわかる" ようになっているところからして，音イメージを理解するきっかけは，日本語の発音やかな文字など "日本語学習の最初期に習うごくごく基本的な日本語知識" の中にあると考えられたからです。そうして検討してみると，確かに，そのどちらもが少しずつ，このような音イメージの形成に寄与していることがわかりました。

　さて，外国語として日本語を学習中の中国人大学生と日本語環境で育つ4歳児は，日本語の発音やかな文字についての知識がそろっているという点ではよく似ており，実際に例のオノマトペ課題の正答率も同じくらいです。日本語を母語とする成人のレベルに届くには，さらに日本語経験が必要であるらしいというところも同じです。

　ただ，外国語として日本語を学習した場合，その後，日本で暮らすようになっても，日本語のオノマトペに対する違和感はなかなかぬぐえないということもよく耳にします（文献 [46]）。筆者も，身近にいる中国人留学生（もちろん日本語も堪能）から，「ドンドンとトントンだったら，大きな太鼓の音は絶対にトントンの方だと自分は思う」と言われたことがあります。

　外国語として日本語を習う場合には，発音とかな文字という日本語のエッセンスをほとんど同時に明示的に教えられます。それに対して，日本語環境で育つ子どもの場合は，発達の初期に発音も文字もそれぞ

れ時間をかけて，また，いちどにではなく時間差で身につけていくわけです。そのような学習時期や学習方法の違いを超えて，日本語が母語でない人も何十年も日本語環境で暮らせば母語話者と同じレベルの音イメージを持つようになるのでしょうか。この疑問は，「やはり子ども時代の経験は特別で，大人になってからの経験や学習によってそれを乗り越えることはできないのか」という大きな問いにもつながるものです。この問いについて検討するのは簡単ではなさそうです。ただ，日本語を母語としない，日本語で書く作家であるリービ英雄さんに関する，次のようなエピソードを聞くと——これはオノマトペの音のイメージに関するものではないのですが——，なにも子ども時代の経験ばかりが特別なわけではないのかもしれないと思わされます。

　　リービは安部公房の芝居を英訳したことがある。戯曲に出てくる象が1頭なのか群れなのか，どうしても分からなかった。分からないと，英語には移せない。直接，安部に聞いた。作家は「われわれ日本人には分からない。リービ君が決めなさい」と答えた。
　　その数十年後。日本語で小説を書く作家となったリービのデビュー作が英訳されることになった。
　　「翻訳者のアメリカ青年が『領事館のこの警備員は，単数ですか複数ですか』と問うた。ところが，わたしには分からなかったのです。『分からないから，あなたが決めてください』と話しました。このとき，安部さんが言った『われわれ日本人』の，われわれの中に入れた気がした。」（文献［47］）

# 4章 話し手の気持ちを読み取る

## 言葉と話し方と気持ち

　ここまでも述べてきましたが，話す声には，"言語の音"だけでなく，話し手の感情に由来する抑揚も含まれています。話された言葉に対して適切に応じるためには，そこに含まれる"言語の音"を聞き取って，どのような内容のことが話されたかを理解するだけでなく，話し手がどのような気持ちでその言葉を言ったのかまで考えに入れる必要があります。その意味では，話し声に含まれる感情を読み取ることも，日常のコミュニケーションにおいては重要になってきます。しかし，そのようなことは，さまざまな音が含まれる"話し声"の中から，やっと"言語の音"を聞き取ることができるようになった幼い子どもにとっては簡単なことでないかもしれません。

　それに関連して，私が思い出す場面があります。ある夕方，買い物でスーパーマーケットの中を歩いていたときのことです。保育園の帰りとおぼしき4歳か5歳くらいの女の子と父親とのあいだの次のような会話が聞こえてきました。

　娘「今日ね，お昼（ごはん）残しちゃったの」
　父「えー，お昼残しちゃいけないんだよ」

　読者の皆さんは，このときの父親の話し方はどのようなものだったと想像されたでしょうか。"怒って娘を叱りつけ非難する父親"で

しょうか。もっとも，「しちゃいけないんだよ」という口ぶりは優しさも感じさせますので，“やさしく娘を諭す父親”でしょうか。

　実は，この場面で父親は，「お昼残しちゃいけないんだよ」という言葉を明るくはずむような調子で言ったのです。私から見れば，父親はとても嬉しそうで，なんだかかほほえましく感じられたものです。

　しかし，よく考えてみれば，ここで父親が発言した言葉の内容（言語内容）は非難に近く，それと齟齬なく対応する感情と言えば“嬉しい”よりは“怒っている”だったのではないでしょうか。このように考えると，このときの父親の発言の言語内容は，話し方とのあいだに齟齬があったと言わざるをえません。このような発言を娘の方はどのように受け取ったのでしょうか。

　このように言語内容から推察される感情と話し方から読み取れる感情が一致しないように思われる場合，大人ならたいてい，話し手の本当の気持ちは話し方の方に表れていると判断するようです（文献[48]）。確かに私たちは自分の失敗に対して，周囲から明るい声で「やっちゃった」と言われれば，自分のやってしまったことは取返しのつかないほどひどい失敗ではなかったのかもしれないと希望を持ちます。あるいは，「それはいいですね」と言われても，それがひどく不機嫌そうな話し方であれば，その話し手は本当は「良い」とは思っていないのではないかと私たちは疑うでしょう。

　問題は，子どもも大人と同じなのか，ということです。特に小さな子どもは生まれてこのかた，さまざまな音が含まれる話し声の中から“言語の音”を聞き取ろうと奮闘努力してきたはずです。このような幼い子どもにとって，“言語の音”以外の声の調子などに注意を向けるのは難しかったりするのではないでしょうか。

## 「口調か言語内容か」を調べる

　言語内容から推察される感情と話し方から読み取れる感情が一致し

ない発話（不一致発話）を聞いたとき，聞き手は言語内容と話し方の
どちらにもとづいて話し手の気持ちを考えようとするのか。この問題
を調べるのによく使われてきた方法は，肯定的もしくは否定的な気持
ちを表す単語や文が，肯定的または否定的な口調で話されるのを聞い
てもらい，話し手の感情はどのようなものかを答えてもらうというも
のです（文献［49］［50］）。

　池田慎之介さんと筆者（文献［51］）もこの方法をつかって，子ども
が不一致発話を聞いたとき，話し手の気持ちをどのように考えるのか
を調べることにしました。そのためにまず，母親が子どもを褒めるよ
うな肯定的な内容の文（「大好きだよ」「とっても上手だね」「なんていい
子なの」）と，けなしたり非難したりする否定的な内容の文（「大嫌い
だよ」「ほんとに下手くそだね」「なんてダメな子なの」）を用意しました。
そしてプロの声優（女性）に依頼して，それらの文が言語内容と一致
した感情の口調で話される音声（一致発話）と不一致な口調で話され
る音声（不一致発話）を録音しました。

　こうして，一致発話としては，肯定的な内容の文が嬉しそうな口調
で話されたものと否定的な内容の文が怒った調子で話されたものの2
種類が，また不一致発話としては，褒めている内容の文が怒った口調
で話されているものと，否定的な内容の文が嬉しそうな口調で話され
ているものの2種類が用意されました。特に不一致発話は，大人が聞
けば，話し手の本当の気持ちはその口調に表れた感情のほうだとたい
てい判断するくらい，口調の感情抑揚がはっきりしたものでした。

　調査対象は保育園の3歳クラスから小学校3年生までの子どもたち
です。子どもたちには，録音して用意してあった音声を聞いてもらい，
話し手の気持ちを，女性がにっこりしている写真と同じ女性が怒った
顔をしている写真の中から選んで答えてもらいました。ここで子ども
が内容は否定的であるのに口調は嬉しそうな発話音声を聞いて笑顔の
写真を選べば，その子どもは話し手の気持ちを言語内容ではなく口調
から読み取ったと見なせます。

# 幼児は「口調より言語内容」

　結果として，口調にもとづいて話者の気持ちを判断した率は図 4-1 のグラフのようになりました。調査を実施した時期の関係で，それぞれの学年の子どもたちの平均年齢は，保育園の 3 歳クラスの子どもたちは 3 歳後半，4 歳クラスは 4 歳後半，5 歳クラスは 5 歳後半，小学 1 年生は 7 歳前半，2 年生は 8 歳前半，3 年生は 9 歳前半でしたので，グラフにもそのように記してあります。

　グラフを見てみると，一致発話ではどの年齢の子どもも口調にそった判断をしていることがわかります。もっとも，一致発話では口調も言語内容も同じ感情を表していますので，この結果を見ても，子どもが話し手の気持ちを判断するとき口調を重視したのか言語内容を重視したのかはわかりません。なお，前にも書いたように一致発話には，肯定的な内容を肯定的な口調で言ったものと，否定的な内容を否定的な口調で言ったものの 2 種類があったわけですが，子どもの判断のしかたに違いは見られませんでした（それで，グラフにはまとめた結果が示してあります）。

　不一致発話にも，肯定的な内容を否定的な口調で言った場合と，否定的な内容を肯定的な口調で言った場合の 2 種類がありましたが，やはり子どもの反応（口調を重視する程度）に違いはありませんでしたので，結果は場合分けせずまとめて図 4-1 には示してあります。全体として，年齢が進むにつれて，口調を重視する度合いが高まっていることがわかります。

　この結果を学年ごとに見ていくと，9 歳前半（小学 3 年生）では，言語内容より口調の感情に一致した表情写真を選ぶ明確な傾向が見られました。それが 5 歳から 8 歳の子どもでは，口調に一致した表情写真を選択する率はチャンスレベル[1]と変わりませんでした。つまり，話し手の気持ちについて判断するさい，口調にもとづくか言語内容に

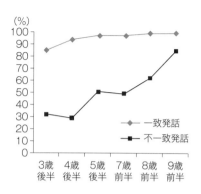

**図 4-1 "話者の気持ち"として口調に対応した表情写真を選択した率**
（文献［51］にもとづき作成）

もとづくかはあてずっぽうに決めているのと変わらない感じで，口調
と言語内容のどちらを重視するかに関して明確な傾向は認められませ
んでした。そして，3，4歳児は，口調よりむしろ言語内容にそった
表情写真を選んでいたのです。

　このように調査の結果は，学校にあがる前の幼児は口調より言語内
容から話し手の気持ちを受け取っていることを示すものでした。実は，
同様な結果は，それ以前に北米で行われた研究（文献［49］［50］）で
も見いだされており，口調より言語内容にもとづいて話し手の気持ち
を考えようとするこの傾向はレキシカルバイアス（lexical bias）と呼
ばれてきました。北米の子どもはそうかもしれないけれど，日本は違
うのではないか。日本の文化については，はっきり言葉で言われなく
ても全体的な文脈や雰囲気などから相手の気持ちを読み取って行動す
ることが求められる（文献［52］）といったことが指摘されるくらいで

───────────────

［1］　ここでは，話し手の気持ちとして笑顔と怒り顔の二つの表情写真の中か
　　ら一つを選ぶことが求められていますので，あてずっぽうで選んでも口調と
　　一致する表情写真を選ぶ確率，つまりチャンスレベルは 50 パーセントです。

すので，そのような環境のもとで育つ子どもたちは，不一致発話を聞いたときもう少し口調に敏感に反応するのではないか。そのような期待が筆者たちにはあったのですが，必ずしも期待通りの結果にはなりませんでした。

　そうなると，このレキシカルバイアスは，どのような文化のもとであろうと子どもが育っていく途中で見られる特徴的な現象ということなのかもしれません。やはり幼児期の子どもは，話し声の中の"言語の音"を聞き取り理解するのが精一杯であるために，同じ話し声の中の感情抑揚には注意が向かないということなのでしょうか。確かに，会話をするということは，何が話されたか（言語内容）をまずは聞きとるということです。そうやって，いつも言語内容に注意を向け続けていれば，そこから言語内容ではなく口調の方へと注意を切り替えることなど，特に小さな子どもにとっては簡単ではないのかもしれません。

　それにしても，"幼児は口調（の表す感情）に鈍感である"とでも言えそうなこの現象は，たとえばもっと幼い子どもとやりとりしたことのある人には納得のいかないものかもしれません。乳児だって，こちらの話しかけを聞いて，こちらの気持ちにそった反応を返してくれるではないか。それなのに，幼児にそれができないとは，いったいどういうことなんだ！？

　そこで，次はいったん発達上の時期を遡って，乳児期の子どもが，話し声に含まれる感情をどれだけ理解できているのかを見てみることにしましょう。そして，そのあとでふたたび「なぜ幼児は不一致発話をする話し手の気持ちを考えるさいに口調より言語内容を重視するのか（レキシカルバイアスを示すのか）」という問題に戻ってきたいと思います。

# 乳児における「声からの気持ちの読み取り」

　乳児はまだ言語がわからないけれど，それでもこちらの気持ちを声から読み取ることができるのではないか。私たちがそのように考えるのは，あやしたら笑ってくれたとか，イライラしながら話しかけたらぐずり始めたとか，そのようなことがあるからでしょうか。

　ただし，このような乳児の反応は，相手の声からその気持ちを読み取った上でのものではない可能性があります。乳児は相手の働きかけのタイミングが自分の応答とかみ合ったものになっているかに非常に敏感[2]です。大人のほうは「あやしたら笑ってくれた」と思っていても，それは，声の調子から大人の嬉しい気持ちを読み取ったのではなく，子ども自身が声を出したり手足をばたつかせるのに対して，絶妙なタイミングで声を出したり表情を変化させたりして応じてくれる大人の様子を喜んでいるだけなのかもしれません。また，大人が「自分のイライラが伝わってしまった」と思う場合も，声の調子からイライラを読み取ったのではなく，子ども自身の動きや声にタイミングよく応答してくれない相手に子どもはイラだったということなのかもしれません。つまり，あやしたら笑ってくれたとか，せかせかと話しかけたらぐずり始めたというのを見て，大人が「子どもは周囲の人の気持ちに敏感なのだ」と思っても，それは子どもが声の調子から話し手の気持ちを読み取っているからではないかもしれないのです。

　したがって，乳児は相手の声からその気持ちを読み取ることができるのかについてもう少し厳密に調べるには，子どもが話し手と長々とやりとりする中でどのような表情やふるまいを示すようになっていく

---

　　[2]　たとえば，生後2か月の赤ちゃんでも，母親とテレビ電話でつなぎ，母親の働きかけのタイミングが子どもの反応とずれるようにしてやると，途端に眉をひそめたり，口をぎゅっと結んだりするようになります（文献 [53]）。

かを見るのではなく，特定の感情音声を一回だけ聞かされた直後の子どもの反応やふるまいを観察する必要があります。そして，そのようなことを調べた研究には，おおよそ以下のような二つの系統があります。

まず一つ目の系統は，"そもそもヒトが特定の感情と意図をほかの人に伝えようとするとき，その話し方は，言語や文化によらず，同じような抑揚になっているのではないか"といった指摘（文献［54］）に対応した研究群です。たとえば，子どもをほめるとき，英語なら"Good（グーード）"，イタリア語であれば"Bravo（ブラーーボ）"などと言いますが，その言い方，つまり声の高さの時間にともなう変化（ピッチパターン）はゆったりとした大きな山形になります。また，子どもを制止するときは，英語でも（"No!"）イタリア語でも（"Non!"）と低い声で短くピシリとした言い方になります。このように，褒めたり制止したりとごく基本的なメッセージを相手に伝えようとするときの言い方は，言語や文化を超えて似たようなものになるようです。ということは，これら基本的なメッセージに対応するこのような言い方（ピッチパターン）は，ヒトという種に生得的に備わっているということではないでしょうか。もしそうだとすれば，そのような"言い方"で伝えられるメッセージの意味は，ごく幼い子どもにも，それこそ言語や文化を超えて伝わるはずです。

そのような発想で，アメリカの心理学者ファーナルドは，フランス語やイタリア語を話す母親が子どもをほめたり制止したりするときの発話を録音しておき，それをアメリカで育つ5か月児に聞かせて反応を観察しました。すると，子どもたちは，制止の発話を聞いたときには，ほめる発話を聞いたときより，笑顔がなくなり眉をひそめるなど緊張した様子を示したのです（文献［55］）。アメリカの子どもたちは，それらの言語は聞いたことがなかったにもかかわらず，その"言い方"から，発話が伝えようとするおおよそのメッセージ，つまり，今はリラックスして楽しい気分でいてよいのか，それとも緊張して何かに身

構えなければならないのかを，正しく受け取ることができたのです。

　確かに，私たちの話し方は，ゆったりと気持ちに余裕があるときと，緊急事態に身構えているときでは違ってきます。また，それぞれの場合の話し方には，スピードや抑揚など誰にでも共通の特徴が見られます。そのような"話し方"が伝えるメッセージは，言語を超えて，非常に小さな子どもにも伝わるということなのでしょう。

　もう一つの系統の研究では，乳児における声からの感情の読み取りを検討するのに，社会的参照（social referencing）の状況が利用されています。社会的参照とは，曖昧でどうしたらよいかよくわからない状況において，ほかの人のその状況に対する評価を参照することです。1歳近くになると子どもは，たとえば，見たこともないおもちゃを目の前にするなどして自分がどうふるまったらよいかがはっきりしないとき，身近な大人の様子をうかがって，それを参考にした行動をとるようになります。このとき，その"身近な大人"の表情は見えないようにして声だけ聞かせて子どものふるまいを観察すれば，子どもが声から感情を読み取ることができるのかを調べることができるというわ

社会的参照の実験風景

けです。

　ここで「表情は見えないけれど声だけは聞こえるというのはいったいどういう状況なのだろう？」と思われた方も少なくないかもしれません。この場合母親は，子どもに背を向けて，新しいおもちゃと子どもとのあいだに立つようにしました（文献［56］）。こうすると子どもは，母親の表情を見ることはできませんが，声を聞くことはできます。このような状況で，母親が怖そうな調子で「まあ怖い（How frightful）！」と言った場合と，嬉しそうな調子で「まあ楽しい（How delightful）！」と言った場合で，子ども（12 か月児）の反応を観察しました。結果として，怖そうな調子の発話を耳にした子どもは，母親のほうを見る時間が長くなり，新しいおもちゃから離れようとしたり，眉をひそめるなどの否定的な表情を多く見せました。ということは，12 か月の子どもは声の調子から，母親がこの状況を緊張して警戒しなければならないと感じていることを読み取れるということです。

　以上のように見てくると[3]，ゼロ歳半ばから 1 歳くらいまでの子どもは，話し手が肯定的な気持ちかどうかをその話し方からおおよそ読み取ることができると言ってよさそうです。

# 言語がわかるようになると

　上で紹介した社会的参照の研究では，怖そうな口調で「まあ怖い！」と言われた場合と，嬉しそうな口調で「まあ楽しい！」と言われた場

---

　［3］　番外として，その人がどのような話し方をしたかということは，10 か月児の話し手に対する好みにも影響することが見いだされています。この研究で，10 か月児はまず，人物 A が嬉しそうに話すのと，人物 B がイライラとした否定的な調子で話すのを聞かされました。そしてそのあとで，この 2 人の人物がそれぞれニュートラルな調子で話す声を聞かされました。すると，子どもは，もともと嬉しそうに話していた人物 A の（今はニュートラルな調子になっている）声を聞きたがったのです（文献［57］）。

合で，子どもの反応を検討していました。つまり，子どもに聞かせた発話は，言語内容と口調が一致していました。ですから厳密に考えるなら，このときの子どものふるまいは，言語内容にしたがったものなのか，声の調子から話し手の感情を読み取ってそうしたものなのかは区別できません。もちろんこの研究でfrightfulやdelightfulなどが入ったセリフが使われたのは，それらの単語がこの時期の子どもにはまだ難しいだろうとの判断があったからです。その目論見どおり，この研究の対象になった12か月児には，それらの単語がわからず，したがって言語内容は理解できなかった可能性もあります。

　そうは言っても，子どもが本当に声の調子だけから話し手の気持ちを読み取ることができるのかを厳密に調べようとするなら，やはり子どもが言語をどれだけ理解できるようになっているかということも加味して分析しなければなりません。アメリカの発達心理学者フレンド（文献［58］）は，もう少し上の月齢の15か月児で，社会的参照の状況でどうふるまうかを観察するだけでなく，それぞれの子どもがどれだけ言語を理解できるようになっているかも調べました。

　この研究では，新しいおもちゃがあってそれで遊んでも大丈夫なのかどうかがはっきりしない状況において，新しいおもちゃにかかわることをすすめ励ます言葉（‘Good look’，‘Nice play’），あるいは，おもちゃに触らないよう制止する言葉（‘Bad stop’，‘Don't touch’）が呈示されました。半数の子どもは，これらの発話が内容と一致した感情抑揚で話されるのを聞き（一致条件），残り半数の子どもは，言語内容とは一致しない感情を帯びた口調で話されるのを聞きました（不一致条件）。

　そうやって子どものふるまいを観察してみると，全体としては，一致条件の子どもだけでなく不一致条件の子どもも，言語内容よりは口調に影響されていました。つまり，言語内容がどのようなものだろうと，励ますような口調の発話を聞けば，制止するような口調の発話を聞いたときより，そのおもちゃで遊ぶ時間は長くなったのです。

　この全体としての結果だけをみると，結局，この時期の子どもは言

語内容がわからないのか聞いていないということになりそうです。しかし，子どもの言語理解のレベルを考慮した分析をしてみると，少し違うことが見えてきました。単語が多くわかるようになっていた子どもほど，一致条件でも不一致条件でも，言語内容の影響を受けていたのです。

　"不一致条件だけでなく一致条件でも"というのがどういうことなのかは少々イメージしづらいかもしれません。行われた分析にそって説明してみましょう。まず，"言語内容が（励ますような）肯定的なものだった場合に子どもがおもちゃで遊んだ時間"から，"言語内容が（制止するような）否定的なものだった場合におもちゃで遊んだ時間"を引いて差を求めます。この差が大きいということは，子どものふるまい方が，言語内容が肯定的か否定的かということの影響を強く受けていたということです。そしてこの差が，一致条件であろうと不一致条件であろうと，わかる単語が多い子どもほど大きかったのです。

　言語がわかるようになればその影響を受けるようになるというのは，当たり前と言えば当たり前です。それでも，その効果が，不一致条件だけでなく一致条件でも同じように見られたのは興味深いところです。これが何を意味しているかと言えば，言語がわかるようになると，一致条件においてすら，子どもに伝わるメッセージはよりクリアなものになるということです。子どもの側からすれば，言語がわかるようになれば，相手の気持ちは，口調からなんとか推し量っていた時とは段違いの明瞭さで伝わってくるということです。そしてそれはつまり，子どもたちはそれ以前にも相手の口調からこの状況はOKなのかそうでないのかをだいたい読み取ることはできていたものの，この"だいたいわかる"というのは，言語が伝える情報の明瞭さにはとうてい及ばないものだったということではないでしょうか。

　このように，15か月児は全体としてみれば，まだまだ言語理解も進んでおらず，不一致条件におけるふるまいも言語内容より口調に影響されています。しかし同時に，日々着々と進む言語発達の影響は，

不一致条件だけでなく一致条件にも認められました。ここには，いったん言語がわかるようになれば子どもたちはあっという間に，口調から"だいたいわかる"ことを手放し，言語によって明瞭に伝達されることに頼るようになっていくであろう，その兆しを見ることができるのです。

## 口調から感情を読み取るのは難しい

　では，もとの問題に戻って，「不一致発話から話し手の気持ちを推測しようとするとき幼児はなぜ口調より言語内容の方を重視する（レキシカルバイアスを示す）のか」です。

　幼児は口調から話し手の気持ちを読み取ることができないのかと言えば，ここまで見てきたように，もっと幼い乳児でも賞賛（励まし）と制止（緊張）くらいは読み取れるわけですし，同じことが幼児にできないとは思われません。

　しかし，発話を聞かされて話し手の気持ちを問われるとき，そこで求められているのは，その口調が OK なのかそうでないのかを単純に区別することだけはありません。その口調から読み取れる感情は客観的に見て，嬉しがっているとか怒っているなど具体的な感情のどれなのかを判断することです。そして実際，（言語内容なしに）口調だけを聞いて話し手の感情はコレだと判断することは，幼児にとって簡単ではないようです。

　そのことを調べるために，前（p.66 〜 68）に紹介した筆者たちの研究（文献 [51]）では，一致発話や不一致発話にフィルターをかけて[4]"言語の音"は聞き取れなくした音声刺激（フィルター音声）を作成しま

---

[4]　発話音声の 400Hz 以下の部分だけ取り出して作成しました。こうすると，もとの発話の言語内容が「大好きだよ」だったとしても，「んーんんんん」といった音になってしまい，何を言っているかはわからないものの声の強さや高さの時間にともなう変化だけはわかるといった音声になります。

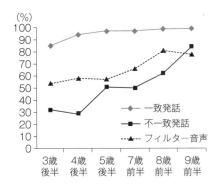

**図 4-2　口調に対応した感情の表情写真を選んだ率**
（文献 [51] にもとづき作成）

した。そしてそれを子どもに聞かせて，その話し手の気持ちについて
も答えてもらいました。図 4-1 のグラフにフィルター音声の正答率を
描き加えたものが図 4-2 です。

　フィルター音声とはいえ，声の強さや高さの変化，つまり抑揚はわ
かります。ですから，この研究で使ったフィルター音声も，大人なら
80％以上の確率で話し手の感情を正しく答えることができるものでし
た。しかし，図 4-2 のグラフを見ればわかるように，5 歳くらいまで
の子どもたちの正答率はやっと 50％を超えるくらいです。このよう
に特に就学前の子どもにとって，声の調子から話し手の感情を読み取
ることは実際それほど簡単なことではなく，ほかの研究（文献 [59]）
でもこのことは確認されています。口調から感情を読み取る能力がこ
の程度であれば，口調を根拠に不一致発話の言語内容を，自信をもっ
てひっくり返すことなどできないでしょう。

## 「注意の切り替え」も難しい

　幼児がなぜレキシカルバイアスを示すのかについては，もう一つ，

言語内容から口調へと注意を切り替えることが難しいためではないかということも指摘されています（文献[49][60]）。そもそも会話をするには，話し声の中の“言語の音”に注意を集中し，言語内容を追い続ける必要があります。不一致発話の話し手の気持ちを口調にもとづいて推測するためには，この“言語内容への集中”から抜け出し，口調へと注意を切り替えなければなりません。

　アメリカの心理学者ワクサーとモートンは（文献[61]），不一致発話を材料にして，6歳児が言語内容から口調へ，あるいは，口調から言語内容へとどれだけうまく注意を切り替えられるのかを調べています。口調から言語内容への注意の切り替えを調べる時には，最初に，感情的に中立な内容の文（e.g.「お父さんは眼鏡をかけている」）が嬉しそうな口調あるいは悲しそうな口調で話されるのを聞かせて話し手の気持ちを答えてもらい，子どもの注意が口調に向くようにしました（口調へのプライミング）。このようにすると，これに続く第一課題で不一致発話を聞かせたときも，子どもは話し手の気持ちとして言語内容ではなく口調に表れた感情を答えるようになります。ここまでやった上で，次の第二課題では「今度は新しいゲームだよ」と言って，「話し手の声の調子がどんなふうか（"How the speaker's voice sounded."）」ではなく「話し手は何を言ったか（"What she was saying."）」にもとづいて話し手の気持ちを答えるよう求めました（"Judge whether she was feeling happy or sad"）。しかし，ここで口調から言語内容へと注意を切り替えられた率は50％に届きませんでした。そして，このような“切り替えの難しさ”は，最初に言語内容にプライミングして，第一課題でも言語内容にもとづいて話し手の感情を答えてもらったあと，第二課題で今度は言語内容ではなく口調に注意を向けて話し手の気持ちを答えるよう求めたときにも見られたのです。

　このような研究を見ると，話し声の別の側面へと注意を向けかえることの難しさは確かにレキシカルバイアスの一因になっているように思われます。

# Column　バイリンガル児における
## 不一致発話の理解

　バイリンガルの子どもは，相手がどちらの言語を使うかに合わせて，自分が使うべき言語を選び，使わない方の言語が出てきそうになるのを抑えなければなりません。このようなところから，バイリンガル児は，話し手の発話意図に敏感（文献［62］）で，注意を切り替えたり，当面の目的にそわないプロセスを抑制したりすることに優れているのではないか（文献［63］［64］）ということが繰り返し指摘されてきました。その通りだとすれば，バイリンガル児は不一致発話からその話し手の気持ちを推測しようとするときにも，言語内容から口調へと容易に注意を切り替え，話し手の気持ちをうまく読み取ることができるのではないかと予想されます。

　実際にアメリカで不一致発話課題を使ってモノリンガルの4歳児とバイリンガルの4歳児を比較した研究（文献［65］）によれば，モノリンガル児は口調より言語内容にもとづいて話し手の感情を判断しレキシカルバイアスを示したのに対して，バイリンガル児はレキシカルバイアスを示さなかったといいます。バイリンガル児では，話し手の気持ちを言語内容にもとづいて推測するか，口調にもとづいて推測するかは半々で，とくに言語内容を重視するといったことは見られなかったのです。

　もっとも，この研究で呈示された不一致発話は英語だったのですが，対象になったバイリンガル児たちは家庭内で英語以外の言語を使っており，彼らの英語のレベルがどの程度のものであったかはこの研究では調べられていません。しかし，モノリンガル児におけるレキシカルバイアスの出現と消失の過程を言語発達と絡めて考えてみれば，言語がまだよくわからない乳児のころは主に口調に頼っていたのが，言語がわかるようになってくると言語内容に強く依存するようになり，さらに言語の流暢性が増す10歳くらいまでのあい

だにふたたび口調を重視するようになっていくといったものになっています。このプロセスに照らして，上の研究の対象となったバイリンガル児たちの英語理解がまだ十分なレベルでなかったとすれば，バイリンガル児がレキシカルバイアスを示さなかったのは，その英語の発達レベルゆえのことだったとも考えられます。

そこで，筆者の研究室の劉敏倒さんは，日本で育つ日中バイリンガル児を対象として，日本語と中国語の不一致発話課題を実施するとともに，日本語と中国語の発達レベル（語彙月齢）も調べました（文献［66］）。この子どもたちは調査時点で平均66か月，全員が日本で生まれ育ち，母親は全員中国語母語話者で，父親も80％が中国語母語話者でした。

結果として，日中バイリンガルの子どもたちは，日本語の不一致発話を聞いた時には，圧倒的に言語内容にもとづいた判断をし，レキシカルバイアスを示しました。しかし，中国語の不一致発話に対しては，部分的に口調の方を重視するところも見られたくらいで，レキシカルバイアスは示しませんでした。つまり，言語によってレキシカルバイアスを示したり，示さなかったりで，結果が一貫しなかったのです。この結果からすると，バイリンガルであればレキシカルバイアスは示さないと簡単には言えなさそうです。

次に，この研究の対象になったバイリンガル児たちの言語能力についてです。これは，それぞれの言語の絵画語彙テスト（文献［67］［68］）で測定しました。これらのテストでは，いくつかの絵の中から単語の意味にマッチしたものを選んでもらい，どのくらいのレベルの単語を知っているかを調べます。単語は幼い子どもでも知っているようなものからもう少し年齢が高くならないとわからないようなものへと順にリストアップされており，そのどこまで正答できれば語彙知識は何か月相当か（語彙月齢）を求めることができるよう，日本語と中国語それぞれにおいてあらかじめ標準化されています。それらのテストで測定したところ，バイリンガル児たちの語彙月齢は，日本語が47か月，中国語は54か月で，中国語の方が発達は少

し進んでいました[5]。語彙のスコアと不一致発話課題との関係を見てみると，日本語については，語彙のスコアが高くなればなるほど，不一致発話の話し手の気持ちを言語内容にもとづいて判断するようになっていく，つまりレキシカルバイアスが強まるという関係が見られました。その一方で，中国語に関しては，語彙のスコアと不一致発話のスコアとのあいだに明確な関係は認められませんでした。

　以上の結果は，バイリンガル児において，それぞれの言語の発達レベルが，言語ごとに不一致発話の話し手の気持ちを推測するときの重点のおきどころに影響しているという考え方と整合的です。「言語発達がまだあまり進んでいなければ口調重視，言語発達が進むにつれて言語内容重視へ，そしてさらに言語使用が流暢なものになればふたたび口調重視へ」というふうにレキシカルバイアスの出現と消失は言語発達と絡めて説明できるのかもしれません。

　もっとも，研究対象になった日中バイリンガル児がどのようなときに中国語を使い日本語を使っていたのかを考えると，中国語を聞くのは主に中国語母語話者と交流する時で，そのときは，中国語を聞くだけでなく，中国式のモノの言い方や感情表現のしかたを経験していたはずです。他方，日本語を聞くのは，主に日本語母語話者と交流するときで，そのときは同時に日本式の物言いや感情表現のしかたを経験していたはずです。となると，日本語ではレキシカルバイアスが見られたけれども中国語では見られなかったというのは，それぞれの言語を異なる文化のもとで経験していたためだという可能性も考えられます。このように，まだまだ検討すべき問題は残っていますが，少なくとも，バイリンガル児はレキシカルバイアスを示さないと言って簡単に片づけられないことは確かであるようです。

---

[5]　調査時点での生活月齢の平均が 66 か月であったことを踏まえると，いずれの言語の語彙の発達もゆっくりとなっていますが，このような結果は，バイリンガル児の一つの言語あたりの語彙はモノリンガルより少ないという従来の知見を追認するものです（文献 [69]）。

# まとめ

　"話す声"には，"言語の音"だけでなく，話し手の気持ち（感情や意図）に由来する抑揚も含まれます。したがって，私たちが耳にする発話のなかには，言語内容から想定される感情と，口調から読み取れる感情が不一致だと思われるようなものもあります。本章の冒頭で挙げた，父親から娘に向けて嬉しそうに発せられた「お昼残しちゃいけないんだよ」という言葉も，言語内容は非難がましいのに，口調は明らかに楽しそうで，言語内容と口調の表す感情が一致していないと思われるものでした。

　そのような不一致発話を聞いて幼児は話し手の気持ちをどのように判断するのかについて調べた研究では，幼児が，口調より言語内容にそった感情を"話し手の気持ち"として答えがちであることが示されてきました。幼児は口調を無視してしまっていることを示すかのようなこれらの結果は，言語を理解し話せるようになる前の乳児ですら周囲の人の気持ちに敏感に反応することを考えると意外に思えます。しかし，よく考えてみれば，乳児における"相手の口調にあらわれた感情への適切な対応"とは，その状況全体が OK かそうでないかを判断できるという程度のおおざっぱなものでした。口調から読み取れるのはどのような感情かを客観的かつ具体的に判断して答えるとなると，たとえそれが肯定的感情と否定的感情からの二者択一であっても，3, 4歳の子どもには簡単ではないのです。くわえて，会話をするということは，"話し声"の言語内容に注意を向け続けるということですが，そこから，"話し声"の別の側面である口調に注意を向けなおすような注意の切り替えも幼児には難しいのです。

　以上を合わせてみると，幼児がレキシカルバイアスを示すのは，口調から感情を読み取るのも簡単ではなく，また，ふだん注意を向けている言語内容から口調へと注意を向けかえることも簡単ではないから，

ということになりそうです。しかし，これですべて説明はついたのでしょうか？　まだ考えるべき問題は残されているように思います。

## 残された問題

　まず，話し手の気持ちを考えるために，言語内容から口調へ，あるいは，口調から言語内容へと注意を切り替えることは，なぜそれほど難しいのかという問題があります。この難しさを示したワクサーとモートンの研究（文献［61］）の対象は 6 歳児でした。この年齢の子どもの半数以上が，言語内容から口調への，あるいは，口調から言語内容への注意の切り替えがまったくできなかったのです。

　しかし，6 歳といえば，DCCS（dimensional change card sort）課題では，すでに注意の切り替えはできるようになっていることが示されている年ごろです（文献［70］）。この DCCS 課題では，最初はたとえば "形が同じ" といった基準での分類を求められていたのが，途中で新しい分類基準（たとえば "色が同じ"）への切り替えを求められ，その新しい基準にすぐに対応できるかが検討されます（図 4-3）。このような課題であれば，6 歳児はほとんど完璧に切り替えて見せるのです。

　DCCS 課題にしても，不一致発話の話し手の感情推測にしても，同じ対象の別の側面への注意の切り替えを求めるところは同じです。それでも，DCCS 課題は何の問題もなくクリアできる 6 歳児が，不一致発話課題での注意の切り替えでつまずくのはなぜなのでしょうか。これには，前にも述べたように，小学校にあがるくらいまでの子どもにとって，口調から話し手の感情を読み取ることはそれほど簡単ではないということも関係しているのかもしれません。あるいは，感情がかかわると，切り替えは切り替えでも私たちの中での情報処理のしかたは違ってくるということなのでしょうか。もしそうだとすれば，この問題についてさらに検討を進めていくには，脳科学の助けが必要になるのかもしれません。

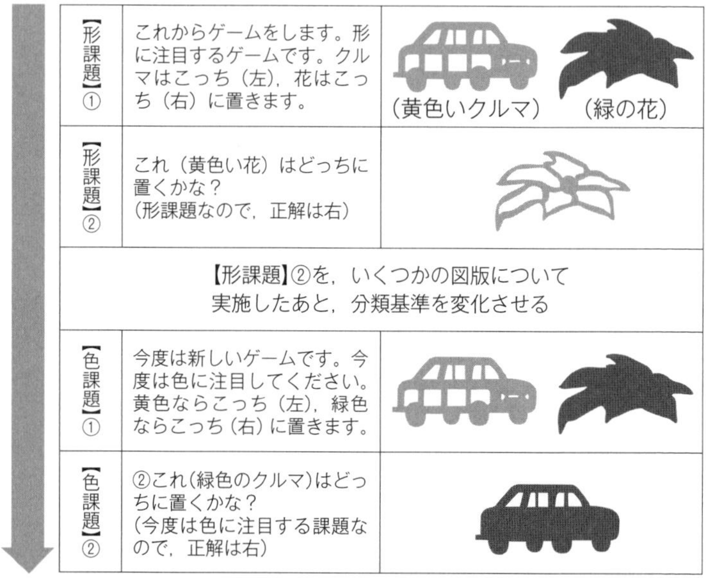

| | | | |
|---|---|---|---|
| 【形課題】① | これからゲームをします。形に注目するゲームです。クルマはこっち（左），花はこっち（右）に置きます。 | （黄色いクルマ） | （緑の花） |
| 【形課題】② | これ（黄色い花）はどっちに置くかな？（形課題なので，正解は右） | | |
| | 【形課題】②を，いくつかの図版について実施したあと，分類基準を変化させる | | |
| 【色課題】① | 今度は新しいゲームです。今度は色に注目してください。黄色ならこっち（左），緑色ならこっち（右）に置きます。 | | |
| 【色課題】② | ②これ（緑色のクルマ）はどっちに置くかな？（今度は色に注目する課題なので，正解は右） | | |

**図 4-3 DCCS 課題の手続**

　ほかに解けない疑問としては，「大人はなぜ不一致発話においては言語内容より口調にこそ話し手の本当の気持ちが表れていると考えるのか」という問題もあります。ここで注釈を加えておきたいのは，大人ももちろん相手の話し方がその言葉内容にはそぐわないかもしれないということに気づきつつ，言語内容を優先して相手に応じることはいくらでもあるということです。しかし，不一致発話を聞いた子どもが話し手の気持ちをどのように推測するかを扱った研究では，課題で使う不一致発話の音声として，大人がそれを聞いたら言語内容より口調の方にこそ話し手の気持ちが表れていると判断せざるをえない，そのくらい感情抑揚のはっきりした発話音声が使われています。つまり，話し方に含まれる感情があまりに明らかな時には，大人はその話し方にもとづいて話し手の気持ちを考えるのです。それはなぜなのでしょ

うか。

　この問題について考えるためには，問題をひっくり返して，「私たちの発話はどのような場合に，言語内容にそぐわない口調になるのか」を考えてみるとよいのかもしれません。

　口調が言語内容にそぐわない，そんな発話がなされる場合としては，意図的にそのような口調が作り出される場合と，意図せずにそのような口調になってしまう場合があります。意図的に言語内容にそぐわない口調が作りだされるのは，たとえば，皮肉を言ったり，からかったりする場合です。このとき話し手は，わざと言語内容にそぐわない口調にすることによって，「自分は真実この言語内容のように思っているわけではない」ということを聞き手に伝えているのです。一方，意図せずに口調が言語内容にそぐわないものになってしまう場合とは，それこそ公式にはその言語内容通りのことを相手に伝えなければならないと考えているけれど，本心は言語内容通りというわけではなく，かと言って，その本心を相手に知らせたいと思っているわけでもない，そんな時ではないでしょうか。

　言語内容にそぐわない口調が意図的に作り出されたものであれ，そうなってしまっただけなのであれ，公式と見なされるのは言語内容の方です。"言質をとる"という言葉もあるくらいです。ただ，ふつうは言語内容と口調は一致するものなので，それが一致しないと，何かあるのではないかと考える，そのとき公式ではない方のチャンネル，つまり口調が意味するところを探ろうとする，それが大人の不一致発話に対する態度なのではないでしょうか。

　それにしても，あれにもこれにも気づいて「どちらだ！？」と気にして混乱するくらいなら，言語内容と口調が一致しないなどという複雑なことはやめてしまえばよいのに，と思いますか？　なぜ私たちはそんな複雑なメッセージを送りあっているのでしょうか。それは私たちが欲張りでずるいからかもしれません。

　「お昼ごはんを残しちゃった」という娘の告白に対して，嬉しそう

に「いけない」と言う父親は，「ごはんは残さずに食べてほしい」という気持ちを言葉で，「君のことは大好きだよ」という気持ちを口調で，同時に伝えています。さらに，言葉で"公式に"このように言っておくことは，このあと夕ご飯のとき，キライなピーマンを残したい娘からの反撃（「「（お父さんは）いけないって言わなかったよ」）を封じることにもなるかもしれません。メッセージを玉虫色にしていちどにいろいろなことを伝えようとし，また逃げ道を用意しておく……欲張りでずるいと思いませんか？　欲張りでずるいがゆえにこのように複雑で面倒なメッセージをやりとりし，ときにつまずきながらも，うまくすり抜けて（そのスリリングなやりとりを楽しんで）生きている，それが人間なのかもしれません。

　最後に，父親から嬉しそうな（それこそはずむような）調子で「お昼残しちゃいけないんだよ」と言われた，4，5歳とおぼしき娘さんの反応です。不一致発話課題をやったとすれば，言語内容にもとづき，父親の気持ちとして怒った顔を選ぶであろう年ごろです。しかし，父親に嬉しそうに「お昼残しちゃいけないんだよ」と言われた彼女は，これまた嬉しそうに「うふふ！　お昼残しちゃったの」と返し，そのあとしばらく父親とのあいだで嬉し気に「お昼残しちゃいけないんだよ」「うふふ！　お昼残しちゃったの」というやりとりを続けたのでした。やってはいけないと常々言われていること（窓枠によじのぼること）をやり，先生に怒った調子で「すごい！」と言われて胸を張った男の子と，彼女の違いはどこにあるのでしょうか。簡単に答えは出せません。それでも，私たちのことばによるコミュニケーションが，言語内容と声と文脈と相手との関係と……まだそのほかにも多様な要因が複雑に絡み合った中でおこなわれているのは確かでしょう。

# おわりに

　いかがでしたか。本書で紹介してきた四つのトピックはいずれも，"話し声"（の音）に注目したものでした。いわゆる"言語そのものの発達"というイメージから少し離れて，そのまわりにはどのようなことがあるか，それをめぐってどのような育ちが起こっているかに，目を向けていただくことはできたでしょうか。

　同時に，「このようなことができるということには，こういう能力や要因がかかわっている」と簡単には言い切れないものだな，研究というのもなかなか難しそうだな，と感じられた方も少なくないかもしれません。そのあたりの"なかなかすっきりいかない"ことについては，筆者もこれらの研究にかかわるなかでイヤというほど思い知らされてきました。

　たとえば，3章で取り上げた日本語の擬音語の話。「有声音と無声音をそれぞれ大と小に対応づけるという感覚はひょっとして世界共通？！」という思いつきからこの研究が始まったことは本文にも書いたとおりです。しかし，その見通しは頓挫しました。どうやらこのような音のイメージは文化（あるいは言語）依存のものであるらしく，日本語を知らない中国人一般学生は，有声音と無声音に対して日本語母語話者のようなイメージを持っていないことがわかったのです。また，この最初の段階で，大学で日本語を専攻する中国人学生のデータもとっていたのです[1]が，その"正答率"は日本語母語話者と中国人

---

[1]　それについて本書では紹介していませんが、その結果は、より厳密に2年生と4年生を区別して実施した実験（p. 46）とほとんど同じでした。詳しく知りたい方は文献［37］をご覧ください。

一般学生の中間でした。日本語を習えば日本語の擬音語（の音のイメージ）がわかるようになると言ってしまうのは簡単ですが，つまり日本語のコレのおかげで，ということがはっきりわからないというのも何だかイヤでした。

　そこをはっきりさせるべく，今度は日本語専攻の２年生と４年生を対象に同じ擬音語課題を実施し，同時に彼らの日本語の擬音語についての知識も調べました。そうして，日本語専攻学生の正答率が中国人一般学生より高くなるのは，日本語を習って課題に出てきた擬音語をいくつか知っているからなのか，有声音と無声音でペアになった擬音語はそれぞれが大と小を表すといった日本語の擬音語ルールを知るようになるからなのか，（学年が進むにつれて増えていくと思われる）日本語全般の知識や経験のおかげなのかも検討してみたものの，やはりコレで説明がつくというものは見つかりませんでした。

　"有声音と無声音のイメージは世界共通"仮説もダメでしたし，日本語経験が効いているにしても「その何が」ということははっきりしない，つまり，よくわからないことだけがわかったという結果を前にして，一緒に研究をしていた趙さんと筆者はがっかりしました。そして，データとの決別を決めて残念会をやったのです（おいしい四川料理を食べて！）。

　それでも諦めきれず，「いろいろ試してどれも違っていた」というような研究でも，発表して，みんなの意見を聞いておくのは（今後のためにも）悪くないだろう，と思って発表したのが，日本認知科学会です。すると，面白がっていろいろ意見を言ってくださる人たちがいて，そこから気を取り直して，文字や日本語の音の役割——声の"音"に注目するということでは音声に詳しい梶川祥世さんとの出会いも重要でした——について考えたりしながら，細々と続けてくることで，この研究は本書に書いたような展開をみました。相変わらず，日本語話者の音のイメージの由来についての結論は，「日本語の発音も，かな文字も，少しずつ影響していそうだけれど，大人の日本語母語話者

88

の感覚を説明するには，まだまだほかに必要なものがありそうだ」といった歯切れの悪いものではあるのですが。

　1章で取り上げた，親の育児語使用と子どもの言語発達との関係についても，同じような“歯切れの悪さ”は残っています。そもそも筆者が，育児語について調べてみようと思ったのは，小さな子どもを持つ親御さんと話すとき，犬を「ワンワン」と言ったりするような言葉（本書では“育児語”と呼びましたが，世間では“赤ちゃん言葉”という言い方のほうが通りがよいかもしれません）について質問されたり話を聞いたりすることが多かったからです。あるお母さんは「自分はそんなにいろいろ赤ちゃん言葉を知らないし，使えないけれど，それで子どもの言語発達に悪い影響はないのだろうか」と悩み，また別のお母さんは，「赤ちゃん言葉は良くないと聞いたので使いません」と決意を述べられ，さらには「赤ちゃん言葉は（いちど覚えてもまた“大人の言葉”を覚えなおさなければならないので？）無駄だし，“脳に悪い”って聞きました」とおっしゃるという具合です。

　この“赤ちゃん言葉は良くない”説に対して個人的には，育児語（赤ちゃん言葉）じたいは歴史の浅いものでもなく，それでいてその害が問題になったこともないようですから，別に目くじらを立てるほどのことはないのではないかと思っていました。しかし，そういう証拠（エビデンス）があるかと言われれば「ない」ようです。

　むしろネットで検索してみると，赤ちゃん言葉を使ったほうが良いという言説もあるようです。そのような“ネット言説”の根拠の一つとしてたどることができたのは，本書でも紹介した研究（文献［14］）です。この研究では，1歳前後の時期に1対1状況で乳児向け発話を使って多く話しかけられていた子どもほど，24か月になったときの産出語彙は大きかったことを見いだしています。ただ，この研究で問題にしていた乳児向け発話とは，「ワンワン（犬）」や「クック（靴）」などの赤ちゃん言葉を使うことではなく，抑揚が大げさになったり声が高くなったりといった独特の音楽的特徴をもった話し方のことでし

た。このようにして見てみると，"赤ちゃん言葉"を使ったほうが子どもの言語発達は早くなるというエビデンスもない状況です。

そのようなこともあって調べ始めたのが，1章で紹介した研究（文献［19］）で，その結果は本文にも述べたとおり。図1-5（口絵）で24か月時点の語彙発達が一番"ゆっくり"になっていたグループを見ると，その親たちは，赤ちゃん言葉（育児語）を一貫して使わないできた人ばかりでした。一方，親が子どもの発達にともなって育児語の使用量を大きく変化させていた場合，その子どもの語彙発達は"進んでいる"もしくは"ふつう"のいずれかです。少なくとも，"ゆっくり"ということにはなっていません。このことを見ると，育児語は害にはならず，どちらかと言えば，役に立つ可能性を秘めていそうです。

しかし同時に，"進んでいる"グループのグラフを眺めていて気づくのは，このグループの親のなかにも，一貫してあまり育児語を使わずに過ごしてきた人がいるということです。この人たちは，育児語の使い方という点では"ゆっくり"グループの親とあまり変わりません。それでも子どもの語彙は大きく伸びていたのです。そのようなわけで，全体としての結果から引き出せる結論は，育児語（赤ちゃん言葉）は，子どもの言語発達に悪い影響を及ぼしているようには思われないけれど，これを使うかどうかで子どもの言語発達が決定的に違ってくるというものでもなさそうだという，これまた歯切れの悪いものになりました。それどころか，さらにそこから「親が育児語を使うのはどのようなときなのだろう」とか「育児語をたくさん使う親とは（あるいは，子どもの発達に合わせて育児語使用量を大きく変化させる親とは）どのような人なのだろう」と改めて考えてみないではいられなくなりました。結局，問題は育児語を使うかどうかだけではないのかもしれません。そしてこの同じ視点は，1歳の誕生日前後の時期に1対1の状況で乳児向け発話でたくさん話しかけられていた子どもほど24か月になったとき多く話すようになっていることを見いだした例の研究の結果を受け取るときにも，忘れてはならないことなのです。

　それにしてもこうも"歯切れの悪い"説明が多くなってしまうのかと言えば、やはり現実はそれだけ複雑だからなのだと思います。「コレは重要だろうか？」という問いを立てて，「重要だ」という結果がクリアに得られたとしても，それは多くの場合、それだけがあれば十分ということではありません。有声音と無声音がそれぞれ大と小をあらわすという音のイメージを日本語母語話者が養っていくとき，かな文字はそれを推し進める役割の一端をになっているかもしれませんが，それは，かな文字だけ学べば、大人の日本語母語話者と同じような感覚があっという間に身につくということではありません。育児語についての調査結果も，育児語そのものに効果があるのかないのかはかえってぼやけてしまったように感じられても，それが、複雑な現実に思いをはせるきっかけとなり，「子どものことばを育てるためには絶対に育児語を使わなければならない」とか「使うべきでない」という教訓を無邪気に引き出すことにブレーキをかけることはできます。そのようなところにも，研究の役立ち方はあるのです。

　さて，本書は，「認知科学のススメ」シリーズの一冊として企画されました。このような執筆の機会をくださった日本認知科学会の出版委員会，特に，執筆に向けてハッパをかけてくださった本巻担当の川合伸幸先生，白水始先生，さらには，原稿を読みやすくするためのさまざまなヒントをくださった新曜社の高橋直樹さんには，心からの感謝を申し上げます。

　　2020 年 11 月

　　　　　　　　　　　　　　　　　　針生悦子

# 文献一覧

さらに理解を深めたい読者のために，本書中で引用した文献および紹介した文献を以下にまとめました。

[1] Houston, D. M., & Jusczyk, P. W. (2000). The role of talker-specific information in word segmentation by infants. *Journal of Experimental Psychology: Human Perception and Performance, 26,* 1570–1582.

[2] Singh, L., Morgan, J. L., & White, K. S. (2004). Preference and processing: The role of speech affect in early spoken word recognition. *Journal of Memory and Language, 51,* 173–189.

[3] Schmale, R., Cristia, A., Seidl, A., & Johnson, E. K. (2010). Developmental changes in infants' ability to cope with dialect variation in word recognition. *Infancy, 15,* 650–662.

[4] Ferguson, C. A. (1964). Baby talk in six languages. *American Anthropologist, 66,* 103–114.

[5] Broesch T. L., & Bryant, G. A. (2015). Prosody in infant-directed speech is similar across Western and traditional cultures. *Journal of Cognition and Development, 16,* 31–43.

[6] Liu, H., Tsao, F., & Kuhl, P. K. (2009). Age-related changes in acoustic modifications of Mandarin maternal speech to preverbal infants and five-year-old children: A longitudinal study. *Journal of Child Language, 36,* 909–922.

[7] Burnham, D., Kitamura, C., & Vollmer-Conna, U. (2002). What's new, Pussycat? On talking to babies and animals. *Science, 296,* 1435.

[8] Niwano, K., & Sugai K. (2003). Maternal accommodation in infant-directed speech during mother's and twin-infants' vocal interactions. *Psychological Reports, 92,* 481–487.

[9] Cooper, R. P., & Aslin, R. N. (1990). Preference for infant-directed speech in the first month after birth. *Child Development, 61,* 1584–1595.

[10] Schachner, A., & Hannon, E. E. (2011). Infant-directed speech drives

social preference in 5-month-old infants. *Developmental Psychology, 47,* 19–25.

[11] Liu, M., Tsao, F., & Kuhl, P. K. (2007). Acoustic analysis of lexical tone in Mandarin infant-directed speech. *Developmental Psychology, 43,* 912–917.

[12] Kuhl, P. K., Andruski, J. E., Chistovich, I. A., Chistovich, L. A., Kozhevnikova, E. V., Ryskina, V. L., Stolyaroa, E. I., Sundberg, U., & Lacerda, F. (1997). Cross-language analysis of phonetic units in language addressed to infants. *Science, 277,* 684–686.

[13] Liu, H, Kuhl, P. K., & Tsao, F. (2003). An association between mothers' speech clarity and infants' speech perception. *Developmental Science, 6,* F1-F10.

[14] Ramirez-Esparza, N., Garcia-Sierra, A., & Kuhl, P. K. (2014). Look who's talking: Speech style and social context in language input to infants are linked to concurrent and future speech development. *Developmental Science, 17,* 880–891.

[15] Graf Estes, K., & Hurley, K., (2013). Infant-directed prosody helps infants map sounds to meanings. *Infancy, 18,* 797–824.

[16] 村田孝次 (1960).「育児語の研究──幼児の言語習得の一条件として」『心理学研究』*31,* 33–38.

[17] Hayashi, A., & Mazuka, R. (2017). Emergence of Japanese infants' prosodic preferences in infant-directed vocabulary. *Developmental Psychology, 53,* 28–37.

[18] Mazuka, R., Hayashi, A., & Kondo, T. (2017). Sounds of infant-directed vocabulary: Learned from infants' speech or part of linguistic knowledge? 『音声研究』*21,* 45–58.

[19] Haryu, E. (2019). Mothers' use of infant-directed vocabulary and its relation to children's early language development. *Poster presented at the Biennial Meeting of the Society for Research in Child Development.* Baltimore, USA.

[20] 綿巻徹・小椋たみ子 (2004).『日本語マッカーサー乳幼児言語発達質問紙──語と文法』京都国際社会福祉センター

[21] Ota, M., & Skarabela, B. (2016). Reduplicated words are easy to learn.

*Language Learning and Development, 12,* 380–397.

[22] Singh, L., Hui, T. J., Chan, C., & Golinkoff, R. M.（2014）. Influences of vowel and tone variation on emergent word knowledge: A cross-linguistic investigation. *Developmental Science, 17,* 94–109.

[23] Hay, J., Graf Estes, K., Wang, T., & Saffran, J. R.（2015）. From flexibility to constraint: The contrastive use of lexical tone in early word learning. *Child Development, 86,* 10–22.

[24] Quam, C. M., Yuan, J., & Swingley, D.（2008）. Relating intonational pragmatics to the pitch realizations of highly frequent words in English speech to infants. In B. C. Love, K. McRae, & V. M. Sloutsky（eds.）, *Proceedings of the 30th Annual Conference of the Cognitive Science Society*（pp. 217–222）. Austin, TX: Cognitive Science Society.

[25] 柴田武・柴田里程（1990）.「アクセントは同音語をどの程度弁別しうるか——日本語・英語・中国語の場合」『計量国語学』*17,* 317–327.

[26] 金田一春彦（監修）・秋永一枝（編）（2001）.『新明解日本語アクセント辞典』三省堂

[27] Yamamoto, H. W., & Haryu, E.（2018）. The role of pitch pattern in Japanese 24-month-olds' word recognition. *Journal of Memory and Language, 99,* 90–98.

[28] モンゴメリ, L. M.（山本史郎［訳］）（1999）.『赤毛のアン［完全版］』原書房

[29] Ramachandran, V. S., & Hubbard, E. M.（2001）. Synaesthesia: A window into perception, thought, and language. *Journal of Consciousness Studies, 8,* 3–34.

[30] Maurer, D., Pathman, T., & Mondloch, C. J.（2006）. The shape of boubas: Sound-shape correspondences in toddlers and adults. *Developmental Science, 9,* 316–322.

[31] Ozturk, O., Krehm, M., & Vouloumanos, A.（2013）. Sound symbolism in infancy: Evidence for sound-shape cross-modal correspondences in 4-month-olds. *Journal of Experimental Child Psychology, 114,* 173–186.

[32] Sapir, E.（1929）. A study in phonetic symbolism. *Journal of Experimental Psychology, 12,* 225–239.

[33] Ohtake, Y., & Haryu, E.（2013）. Investigation of the process underpinning vowel-size correspondence. *Japanese Psychological*

Research, 55, 390–399.

[34] Tarte, R. D.（1974）. Phonetic symbolism in adult native speakers of Czech. *Language and Speech, 17,* 87–94.

[35] Peña, M., Mehler, J., & Nespor, M.（2011）. The role of audiovisual processing in early conceptual development. *Psychological Science, 22,* 1419–1421.

[36] Frellesvig, B.（2010）. *A History of the Japanese Language.* Cambridge: Cambridge University Press.

[37] 針生悦子・趙麗華（2007）.「有声音と無声音を大小に対応づける感覚の起源——擬音語理解の日中比較」『心理学研究』*78,* 424–432.

[38] 楊凱栄・張麗群（2001）.『初級テキスト　身につく中国語』白帝社

[39] Seidenberg, M. S., & Tanenhaus, M. K.（1979）. Orthographic effects on rhyme monitoring. *Journal of Experimental Psychology: Human Learning and Memory, 5,* 546–554.

[40] Ziegler, J. C., & Ferrand, L.（1998）. Orthography shapes the perception of speech: The consistency effect in auditory word recognition. *Psychonomic Bulletin & Review, 5,* 683–689.

[41] Perre, L., Pattamadilok, C., Montant, M., & Ziegler, J.C.（2009）. Orthographic effects in spoken language: On-line activation or phonological restructuring? *Brain Research, 1275,* 73–80.

[42] Ventura, P., Morais, J., & Kolinsky, R.（2007）. The development of the orthographic consistency effect in speech recognition: From sublexical to lexical involvement. *Cognition, 105,* 547–576.

[43] Planton, S., Chanoine, V., Sein, J., Anton, J-L., Nazarian, B., Pallier, C., & Pattamadilok, C.（2019）. Top-down activation of the visuo-orthographic system during spoken sentence processing. *NeuroImage, 202,* 116–135.

[44] 針生悦子（2010）.「幼児における擬音語の理解——濁音文字知識の影響に注目して」『教育心理学研究』*58,* 275–284.

[45] 梶川祥世・針生悦子（2016）.「擬音語発話音声の高さが幼児の語認知に及ぼす影響」『認知科学』*23,* 37–48.

[46] 苧阪直行（編著）(1999).『感性のことばを研究する』新曜社

[47] 近藤康太郎（2019）.「現場へ！　ほんとうの日本人5」　朝日新聞 2019年6月7日（夕刊）

[48] Mehrabian, A. (1982) *Silent messages* (2nd ed.) Wadsworth. (マレービアン, A. [西田司・津田幸男・岡村輝人・山口常夫：訳] (1986). 『非言語コミュ ニケーション』聖文社)

[49] Friend, M. (2000). Developmental changes in sensitivity to vocal paralanguage. *Developmental Science, 3,* 148–162.

[50] Morton, J. B., & Trehub, S. E. (2001). Children's understanding of emotion in speech. C*hild Development, 72,* 834–843.

[51] 池田慎之介・針生悦子 (2018). 「幼児期から児童期の子どもにおける発話 からの感情判断の発達」『心理学研究』89, 302–308.

[52] Hall, E. T. (1976). *Beyond culture.* Anchor Press. (ホール, E. T. [岩田 慶治・谷泰：訳] (1993). 『文化を超えて』TBS ブリタニカ)

[53] Nadel, J., Carchon, I., Kervella, C., Marcelli, D., & Réserbat-Plantey, D. (1999). Expectancies for social contingency in 2-month-olds. *Developmental Science, 2,* 164–173.

[54] Fernald, A. (1992). Meaningful melodies in mothers' speech to infants. In H. Papousek, J. Jürgen, & M. Papoousek (Eds.), *Nonverbal vocal communication: Comparative and developmental approaches* (pp. 262– 282). Cambridge University Press.

[55] Fernald, A. (1993). Approval and disapproval: Infant responsiveness to vocal affect in familiar and unfamiliar languages. *Child Development, 64, 3,* 657–674.

[56] Mumme, D. L., Fernald, A., & Herrera, C. (1996). Infants' responses to facial and vocal emotional signals in a social referencing paradigm. *Child Development, 67,* 3219–3237.

[57] Paquette-Smith, M., & Johnson, E. K. (2016). I don't like the tone of your voice: Infants use vocal affect to socially evaluate others. *Infancy, 21,* 104–121.

[58] Friend, M. (2001). The transition from affective to linguistic meaning. *First Language, 21,* 219–243.

[59] Aguert, M., Laval, V., Lacroix, A., Gil, S., & Le Bigot, L. (2013). Inferring emotions from speech prosody: Not so easy at age five. *PLoS ONE, 8,* e83657. https://doi.org/10.1371/journal.pone.0083657

[60] Morton, J. B., Trehub, S. E., & Zelazo, P. D. (2003). Sources of

inflexibility of 6-year-olds' understanding of emotion in speech. *Child Development, 74*(6), 1857–68.

[61] Waxer, J., & Morton, J. B. (2011). Children's judgements of emotion from conflicting cues in speech: Why 6-year-olds are so inflexible. *Child Development, 82*(5), 1648–60.

[62] Siegal, M., Lozzi, I., & Surian, L. (2009). Bilingualism and conversational understanding. *Cognition, 110,* 115–128.

[63] Prior, A., & MacWhinney, B. (2010). A bilingual advantage in task switching. *Bilingualism: Language and Cognition, 13,* 253–262.

[64] Martin-Rhee, M. M., & Bialystok, E. (2008). The development of two types of inhibitory control in monolingual and bilingual children. *Bilingualism: Language and Cognition, 11,* 81–93

[65] Yow, W. Q., & Markman, E. M. (2011). Bilingualism and children's use of paralinguistic cues to interpret emotion in speech. *Bilingualism: Language and Cognition, 14,* 562–569.

[66] 劉敏俐 (2020).「バイリンガル児における発話からの感情判断——実行機能と語彙力に注目して」『東京大学大学院教育学研究科修士論文』

[67] 上野一彦・名越斉子・小貫悟 (2008).『PVT-R 絵画語い発達検査』日本文化科学社

[68] 桑标・缪小春 (1990).「皮博迪图片词汇测验修订版(ppvt—r)上海市区试用常模的修订」『心理科学通讯』5, 22–27+67+65–66.

[69] Bialystok, E., Luk, G., Peets, K. F., & Yang, S. (2010). Receptive vocabulary differences in monolingual and bilingual children. *Bilingualism: Language and Cognition, 13,* 525–531.

[70] Zelazo, P. D., Frye, D., & Rapus, T. (1996). An age-related dissociation between knowing rules and using them. *Cognitive Development, 11,* 3–63.

# 索　引

## 著者紹介

### 針生悦子 （はりゅう・えつこ）

*東京大学大学院教育学研究科教授*

1988 年お茶の水女子大学文教育学部卒，1995 年東京大学大学院教育学研究科博士課程修了，博士（教育学）。青山学院大学文学部専任講師，助教授，東京大学大学院教育学研究科准教授をへて 2015 年より現職。専門は，発達心理学，認知科学。言語とコミュニケーションとその周辺についての発達研究に従事。日本教育心理学会城戸奨励賞（1992 年），日本心理学会研究奨励賞（2000 年），日本心理学会優秀論文賞（2016 年），日本認知科学会論文賞（2017 年）など受賞。著書に『言語心理学』（2006 年，朝倉書店，単編著），『言葉をおぼえるしくみ』（2014 年，筑摩書房，共著），『赤ちゃんはことばをどう学ぶのか』（2019 年，中央公論新社，単著）など。

## ファシリテータ紹介

### 内村直之 （うちむら・なおゆき）

*科学ジャーナリスト*

1952 年東京都生まれ。81 年東京大学大学院理学系研究科物理学専攻博士課程満期退学。物性理論（半導体二次元電子系の理論）専攻。同年，朝日新聞入社。同社福井，浦和支局を経て，東京・大阪科学部，西部本社社会部，『科学朝日』，『朝日パソコン』，『メディカル朝日』などで科学記者，編集者として勤務した後，2012 年 4 月からフリーランスの科学ジャーナリスト。 基礎科学全般，特に進化生物学，人類進化，分子生物学，素粒子物理，物性物理，数学，認知科学などの最先端と研究発展の歴史に興味を持ちます。著書に『われら以外の人類』（朝日選書，2005 年）『古都がはぐくむ現代数学』（日本評論社，2013 年）など。新聞記事，雑誌記事など多数。12 年から 17 年まで慶応義塾大学で「ライティング技法ワークショップ」，13 年から法政大学で「社会と科学」の講義を担当，14 年から北海道大学 CoSTEP で客員教授としてライティングなどを指導しています。

『認知科学のススメ』シリーズ　4
ことばの育ちの認知科学

初版第1刷発行　2021年7月20日

監　修　日本認知科学会
著　者　針生悦子
ファシリテータ　内村直之
発行者　塩浦　暲
発行所　株式会社　新曜社
　　　　101-0051　東京都千代田区神田神保町 3-9
　　　　電話（03）3264-4973（代）・FAX（03）3239-2958
　　　　e-mail：info@shin-yo-sha.co.jp
　　　　URL：https://www.shin-yo-sha.co.jp/

印　刷　星野精版印刷
製　本　積信堂